Dennis Ladener

DIE HÖHERE ERKENNTNIS
EIN WEG ZUM BESSEREN VERSTÄNDNIS DER WELT.

Tat-Twam-Asi

2. Auflage

© 2015 Dennis Hans Ladener
(dladener@googlemail.com)

Herstellung und Verlag: BoD – Books on Demand, Norderstedt.

ISBN: 9783735788689

Angaben zu meiner Person

 Mein Name ist Dennis Ladener. Geboren wurde ich am 11.05.1990 in Köln. Seit 2012 lebe ich jedoch in dem kleinen aber feinen Städtchen Solingen, wo ich in aller Ruhe und Zurückgezogenheit meinem Denken nachgehen kann.

Ich betrachte mich selbst als Philosoph mit wissenschaftlichen Einflüssen. Müsste ich mich für eine Religion entscheiden, wäre es wohl die des Buddhismus geworden.

Offiziell bekenne ich mich allerdings, als Anhänger der Philosophie **Arthur Schopenhauers.** Da dieser nach meiner persönlichen Meinung der Wahrheit am nächsten gekommen ist.

Mein Ziel für die Zukunft ist es, allen Menschen die bereit dazu sind, eine alternative Denkweise zu vermitteln, um auf diesem Weg meinen Beitrag zu einer besseren Welt zu leisten.

Ansonsten verfahre ich mit dem Leben so, dass ich über dieses nachdenke.

In Erinnerung an Arthur Schopenhauer

"Aber das Leben ist kurz und die Wahrheit wirkt ferner und lange: Sagen wir die Wahrheit."

(1788-1860)

-Inhaltsverzeichnis-

DIE HÖHERE ERKENNTNIS
EIN WEG ZUM BESSEREN VERSTÄNDNIS DER WELT

-Vorwort-

Was ist der Sinn des Universums?

Welche Rolle spielen wir Menschen darin?

Nach meiner persönlichen Meinung, sind das die zwei
wichtigsten Fragen, die ein Mensch sich im Laufe seines Lebens
stellen sollte. Allerdings musste ich zu meiner Enttäuschung
feststellen, dass dieses Thema, welches mich seit meiner Jugend
nicht mehr los lassen will, nicht bei jedem unbedingt solch ein
Interesse auslöst.

Ca. 7,2 Milliarden Menschen leben auf diesem Planeten Erde aber kaum Einer wundert sich darüber das er Lebt.
Warum ist das wohl so?

Als ich dann schließlich älter wurde und anfing mich noch
ausführlicher mit diesem Thema zu beschäftigten, wurde ich
immer stutziger was mich selbst und meine Mitmenschen betraf.

Warum war ich in meinen jungen Jahren schon so anders als die Anderen?

Weshalb lies mich der Gedanke an das Universum und den Sinn des Lebens nicht in Ruhe?

Antworten darauf habe ich bis heute nicht gefunden!

Was ich allerdings gefunden habe, sind Antworten auf meine Sinnfragen, welche ich mir schon immer gestellt habe.

Sowie eine Erklärung dafür, weshalb nur so wenige Menschen sich ernsthaft mit diesen Dingen beschäftigen möchten.

Es gibt zu viele verschiedene Religionen:

Doch kaum eine von ihnen führt zu einem selbstständigen Denken, sondern lediglich zu einer bequemen Möglichkeit 1:1, eine Denkweise über die Welt, zu übernehmen.

Die Aussage Antworten auf solche Fragen könne ein Mensch gar nicht wissen:

Dies kommt meistens bei Menschen vor, die an keine Religion glauben aber auch keine Lust haben, anderweitig Antworten zu diesem Thema zu suchen oder gar selbständig darüber nachzudenken.

Das Leben des Menschen ist sehr stressig:

Existenzängste, berufliche und familiäre Verpflichtungen, sowie der Drang nach Status und Anerkennung in der Gesellschaft und der daraus entstehende Konkurrenzkampf, machen aus uns ein regelrecht aufgezogenes Uhrwerk, welches jeden Tag demselben routinierten Ablauf folgt, da bleibt nun einmal keine Zeit für solche

Dinge.

Die Wahrheit über die Welt liegt im Verborgenen:

Philosophie, Gehirnforschung, Physik sowie alle anderen Bereiche
der Wissenschaft beinhalten einen enormen Teil der
Informationen, die benötigt werden um das Geheimnis des
Universums, sowie des Lebens zu entschlüsseln. Das Problem daran
ist nur, dass der normale Durchschnittsmensch leider viel zu
wenige Kenntnisse über diese Bereiche erhalten kann.

Woran liegt das?

- *Zu wenige Informationen in den Medien.*
- *Fachbücher sind zu kompliziert geschrieben.*
- *Themen sind nicht im Bildungssystem verankert.*

Mein Ziel ist es mit diesem Buch zu ermöglichen, dass jeder von uns eine Chance hat genau diese Informationen zu erfahren, um sich dann über diese eigene Gedanken machen zu können. Ich habe so gut es ging versucht alles was dieses Buch beinhaltet, so einfach wie möglich zu erklären und glaubhaft zu beschreiben worum es mir letztendlich geht.

Ich hoffe von ganzem Herzen, dass mir dies gelungen ist.

Und nun viel Spaß beim Lesen und selber denken.

-Einleitung-

Was ist die höhere Erkenntnis?

Die höhere Erkenntnis ist eine Ansammlung von Informationen, welche im menschlichen Bewusstsein fest verankert werden kann und dadurch, wenn sie im Ganzen erst einmal verstanden und akzeptiert wurde, einen völlig neuen Blickwinkel auf die Welt ermöglicht. Ist dies gelungen, versteht man weshalb das Universum existiert und warum die Dinge darin sich so verhalten wie sie es tun. Sie werden mit jedem Kapitel was sie beenden werden, der höheren Erkenntnis ein Stück näher kommen und hoffentlich nach den letzten Seiten des Buches alle Teile so zusammengefügt haben, dass ein vollkommendes klares und neues Bild der Welt entstanden ist.

Erwarten Sie allerdings bitte zunächst nicht zu viel von Ihnen selbst, denn dies ist ein Prozess der unter Umständen eine gewisse Reifezeit braucht um vollkommen verinnerlicht zu werden. Unter Umständen könnte es auch sein, dass Sie diese neu erhaltenden Informationen für viel zu weit hergeholt und unglaubwürdig halten. Sollte dies der Fall sein, bitte ich Sie, sich selbst zu vergewissern und

selbständig davon zu überzeugen, dass ich wirklich nur Informationen aus dem Bereich der Wissenschaften sowie der Philosophie benutzt habe, um Ihnen die Wahrheit ein Stück näher zu bringen.

Kapitel 1

Das Universum

DAS
UNIVERSUM

Georges Edouard Lemaître sowie
Edwin Powell Hubble
(Nach ihm wurde 1990 das Erste Weltraum Teleskop
Hubble benannt)
waren die beiden Herren, welche in den Zeiträumen zwischen
1927-1929, dass bis dahin durch Gott stets für unveränderbar
gehaltene Universum, wiederlegen konnten.

Sie stellten fest, dass sich fast alle Galaxien, von unserer
Galaxie der Milchstraße entfernen und das umso
schneller, je weiter diese bereits von uns entfernt sind.

Diese Erkenntnis bedeutete umgekehrt betrachtet
allerdings auch, dass wenn sich die Galaxien mit der
Zeit immer weiter von unserer Galaxie entfernen, sich
diese in der Vergangenheit logischerweise näher bei
uns, an der Milchstraße befunden haben müssen.

Das Universum war also nicht statisch
(Unveränderbar), wie es bis zu diesem Zeitpunkt
gedacht wurde, sondern es Expandiert

(Es dehnt sich aus), und das ständig.

Das Besondere an diesem Prozess ist jedoch, dass sich diese Ausdehnung ungewöhnlich schnell beschleunigt, viel schneller als dies zuvor vermutet wurde.

Mittlerweile ist den Wissenschaftlern zwar klar, dass die sogenannte **Dunkle Energie**, etwas mit dieser immer schneller werdenden Expansionsrate zu tun haben muss. Völlig geklärt ist diese Situation allerdings noch nicht.

„Der Urknall als solches ereignete sich ca. vor 13,8 Milliarden Jahren."
So unvorstellbar alt ist unser heutiges Universum schon und dessen können wir uns auch wirklich sicher sein.

Wenn Ihnen also jemand, z.B. ein Kreationist *(Charakteristisch für Kreationisten ist, dass sie das Buch Genesis der Bibel in wortwörtlicher Interpretation explizit als naturwissenschaftliche Quelle ansehen und daher Wortwörtlich glauben.)* erzählen möchte, dass es den Planeten Erde erst seit 6.000 Jahren gibt, und das Universum seid Maximal 10.000 Jahren besteht, ist das zwar eine ganz nette Geschichte, entspricht aber nicht den wissenschaftlichen Belegen.

Wie wir ja eben schon festgestellt haben, entfernen sich
also die einzelnen Galaxien meist voneinander.

Wenn man nun berechnet
(Natürlich nicht ich selbst, sondern die Wissenschaftler
denn die können das bestimmt besser als ich),
wo diese sich in der Vergangenheit befunden haben, wird
schnell klar, dass dies ein einziger konzertierter Punkt
gewesen sein muss.

Ein einziger konzentrierter Punkt aus dessen alles was
wir heute als Universum bezeichnen, ursprünglich
einmal entstanden ist.

Sie können sich dies ungefähr so vorstellen...
„...Das gesamte heutige Universum war vor dem Urknall
auf einen einzigen Punkt reinster Energie verdichtet."

Zu diesem Zeitpunkt war unser heutiges Universum auf die
ungefähre Größe eines „Stecknadelkopfes" komprimiert
(Verkleinert).

Die Temperatur und Dichte dieses Punktes müssen daher
Unvorstellbar groß gewesen sein.

„Den Prozess des eigentlichen Urknalls, können Sie sich gut anhand eines Luftballons vorstellen, der aufgeblasen wird und an dessen Oberfläche wir uns befinden."

„Das schon vorhandene Material des Ballons, fängt durch das aufblasen an sich massiv auszudehnen sowie dadurch insgesamt an Volumen dazu zu gewinnen."

„Die Grundbausteine aus denen der Ballon jedoch besteht, verändern sich nicht. Denn es findet ja lediglich eine Ausdehnung statt."

Das interessante an dem Urknall ist eben genau diese Erkenntnis, dass alles was unser Universum heute beinhaltet, schon zuvor auf diesem einen konzentrierten Punkt vorhanden war und das sich aus diesem heraus schließlich alles das gebildet hat, was wir heutzutage beobachten können.

Dazu zählen schließlich auch unser Planet Erde und wir selbst die Spezies Mensch.

Sie werden sich jetzt vielleicht fragen, wie dieser verdichtete Punkt reinster Energie entstanden sein soll, oder ob ihn vielleicht sogar Gott selbst erschaffen hat?

Das Witzige hierbei ist allerdings die Tatsache, dass viele Menschen immer wieder der Täuschung erliegen, dass stets irgendjemand irgendetwas erschaffen haben müsste.

Also das eine Art Gott, das Universum erschaffen haben muss bzw. das er zumindest den Zustand vor dem Urknall erzeugt haben müsste.

Aber genau bei dieser Denkweise liegt auch schon das Problem.

Denn wenn Sie gläubigen Menschen die Frage stellen, wer oder was denn Gott erschaffen hat? Bekommen Sie sicherlich in den meisten Fällen stets die gleiche Antwort…

…Gott war schon immer da.

Denn Gott allein soll ja das Unerschaffene, schon immer existierende wesen sein, aus dessen jede weitere Existenz entsprungen ist.

Doch wenn dies wirklich so sein sollte frage ich Sie einmal Folgendes:

Wenn es von Beginn an nur Gott gegeben hat und nichts anderes außer ihm, wie sollte es dann nun etwas geben, was letztendlich nicht auch dieser Gott ist?

Oder zur besseren Verdeutlichung einmal ein anderes
Beispiel:

*Wenn es von Beginn an nur Gold gegeben hätte, wären
daraus vielleicht auch viele unterschiedlich aussehende
Dinge entstanden, aber dennoch würde dann niemals etwas
anderes sein können, als eben dieses besagte Gold.*

***„Allerdings in den Unterschiedlichsten
Erscheinungsformen."***
Und genau diese Denkweise müssen wir nun auch auf das
gesamte Universum anwenden:

***„Wenn alles heutige Existierende, in der Vergangenheit
auf einen einzigen Punkt Konzertiert war, kann es jetzt
auch nichts anderes geben, als eben dieses eine bereits
zuvor schon Existierende."***

Natürlich gibt es die unterschiedlichsten Erscheinungsformen
im Gesamten Universum und erst recht auf unserem Planeten.
Doch der Stoff aus dem diese Dinge gemacht sind, kann nur
der sein, welcher von Anbeginn bereits existierte.

*Egal ob es nun etwas gottähnliches, Gold oder Energie war,
welches am Anfang stand und ewig unerschaffen bleibt.*

Fakt ist:

„Aus nichts kann und wird niemals etwas entstehen
können."

Weshalb man auch sagen könnte, das erste aller
Naturgesetzte muss heißen:
„Es kann nicht nichts geben, denn aus Nichts, wird
niemals etwas entstehen können."

Einfacher gesagt 0+0 bleibt 0.
Im umgekehrten Fall bedeutet dies natürlich:
„Da wo einmal etwas ist, wird niemals mehr nichts sein
können."

„Wie bei einem Keks, den sie zwar immer weiter zerkrümeln
können bis es nur noch staub ist, aber nicht so weit das er
ganz verschwindet."

Nach dem Urknall bis heute ist bereits eine Menge passiert,
die meisten Menschen haben natürlich eine gewisse
Vorstellung von dem was unser Universum betrifft, doch merkt
man allerdings häufiger als vielleicht vermutet, dass vielen in
der Bevölkerung noch nicht einmal ansatzweise bewusst ist,
von was für gigantischen Ausmaßen wir da tatsächlich

sprechen, wenn es um das ganze Spektrum des Universums geht.

Dies soll nun wirklich kein Vorwurf sein oder als Angriff bewertet werden. Wir leben nun mal in einer wirklich stressigen Zeit, dessen bin ich mir auch völlig bewusst. Jeder versucht verständlicherweise in seinem eigenen Leben klar zu kommen und dafür muss man nun einmal leider, meist völlig im hier und jetzt verbleiben, denn unser Leben spielt sich nun mal auf diesem Planeten ab, den wir Erde nennen und nicht in den Weiten des gigantischen Universums.

Interessant ist hierbei, dass obwohl wir uns bereits mit unserem Planeten, mitten im Universum befinden, trotzdem erst ab einer ungefähren Höhe von:

80 bis 100 Kilometern

(Von der Erdoberfläche Gemessen)

vom Universum gesprochen wird.

„Und zwar aus dem Grund, weil der tatsächliche Übergang von der Erdatmosphäre zum Universum, ein fließender Prozess ist."

Um Ihnen eine ungefähre Vorstellung von dem unvorstellbar großen Ausmaß des Universums geben zu können, werden

wir uns jetzt zunächst ein wenig mit dessen Inhalt
beschäftigen.

- *Unser Heimatplanet ist die **Erde** wie es selbstverständlich jedem bekannt sein sollte.*
- *Im Zentrum unseres Sonnensystems befindet sich die Sonne als **Zentralstern**.*
- *Die **Sonne** ist ca. **8 Lichtminuten** von der Erde entfernt, was einer ungefähren Kilometerzahl von **150 Millionen km** entspricht.*

*Zum Vergleich: Der **Mond** ist nur ca. **360.000 km bis ca. 400.000 km** von der Erde entfernt,*
was etwas mehr als einer Lichtsekunde endsprechen würde.

„Lichtgeschwindigkeit bedeutet, dass Licht innerhalb von einer Sekunde, eine Distanz von 300.000 km überwinden kann."

*Entfernungen werden im Universum daher immer in **Lichtsekunden, Lichtminuten, Lichtstunde** sowie **Lichtjahre** berechnet und angegeben.*

Dies bedeutet aber auch, dass wenn wir z.B. unsere Sonne betrachten, niemals ein Livebild von ihr für uns sichtbar ist, sondern wir diese immer nur so erleben, wie sie vor ca. „8 Minuten" ausgesehen hat.

„Das geschieht dadurch, weil das Licht, was von der Sonne abgestrahlt wird, 8 Lichtminuten braucht um bei uns auf der Erde einzutreffen."

„Dieser Effekt bleibt __immer__ der gleiche, egal was für ein Objekt im Universum betrachtet wird."

Wenn Wissenschaftler also z.B. eine Galaxie betrachten, die sagen wir mal ca.1 Milliarden Lichtjahre von uns entfernt ist, sehen Sie diese Galaxie nicht so wie sie zu diesem jetzigen Zeitpunkt aussieht, *sondern so wie sie vor* **1 Milliarden Jahren ausgesehen hat.**

Man kann also sagen, dass wenn z.B. Astronomen mit ihren riesigen Teleskopen in die Weiten des Universums schauen, gleichzeitig auch immer die „Vergangenheit" des Universums mitbetrachtet wird.

Die Sonne

Die Hauptbestandteile der Sonne sind:

Wasserstoff, Helium, Sauerstoff, Kohlenstoff, Neon sowie Stickstoff.

- *Unsere Sonne übertrifft ca. die 700 fache Masse aller Planeten zusammen und die 330.000 fache Masse unseres Heimatplaneten.*
- *Ihr alter wird auf ca. 4,5 Milliarden Jahren geschätzt. Ungefähr zur selben Zeit ist auch unser eigener Planet entstanden.*
- *Das Schicksal der Erde ist verknüpft mit dem Schicksal der Sonne.*

„Wissenschaftler vermuten zwar, dass die Erde noch **ca. 500 Millionen Jahre** lang, ähnlich wie heute bewohnbar sein wird. Doch ab dann geht es stetig Richtung Unbewohnbarkeit des Planeten zu."

In ca. 7 Milliarden Jahren wird sich die Sonne dann schließlich als sogenannter roter Riese bis an die heutige Erdbahn ausbreiten und unseren Planeten dadurch vollkommen unbewohnbar machen.

„Die ersten Sonnen / Sterne bildeten sich bereits ca. 300 bis 400 Millionen Jahre nach dem Urknall."

- *Sonne ist nur der Name, welchem wir unserem Zentral<u>stern</u> gegeben haben.*

Unser Sonnensystem beinhaltet abgesehen von unserem eigenen Planeten Erde, noch 7 weitere Planeten: **Merkur, Venus, Mars, Jupiter, Saturn, Uranus und Neptun.**

- **Merkur steht der Sonne am nächsten.**
- **Neptun ist am weitesten entfernt.**

„Der Planet Pluto zählt seit dem 24. August 2006 nicht mehr zu ihnen, weil er seit dem von der Internationale Astronomische Union, zu der Klasse der Zwergplaneten eingestuft wurde."

Bis jetzt haben Sie sich vielleicht gedacht, ist ja alles schön und gut und auch recht interessant, aber vieles wusste ich auch schon bevor ich dein Buch gelesen habe, deshalb möchte ich Ihnen jetzt gewisse Informationen erläutern, die nicht unbedingt jedem so bekannt sind.
(Natürlich könnte das bei Ihnen anders sein.)

Sie wissen ja vielleicht, dass sich unser Sonnensystem in der Galaxie, die wir *Milchstraße* nennen befindet.

„Die Milchstraße gehört mit zu den größten, der bekannten Galaxien und besitzt schätzungsweise 300 Milliarden Sterne."

„Unsere Sonne" ist hierbei nur ein einziger von diesen ca. 300 Milliarden Sternen.

Ja Sie haben richtig gelesen, unsere Sonne ist nur eine von Milliarden Sternen, und das allein nur in unserer Galaxie der Milchstraße.

Bei meinen Nachforschungen für dieses Buch, im Privaten Bereich, musste ich feststellen, dass dies nicht jedem so bekannt ist.

Viele dachten seltsamerweise, dass Sterne und Sonnen zwei verschiedene Dinge sind.

Wissenschaftler gehen davon aus, dass ca. jeder zweite Stern, Planeten um sich herum hat, was bedeuten würde, dass es allein schon in unserer Galaxie bereits mindestens
150 Milliarden Planeten geben könnte.

Des Weiteren vermuten sie, dass ca. jeder 200. Planet in

einer Zone liegt, welche das Entstehen von Leben

ermöglichen könnte.

Wie findet man Planeten?

Das Weltraumteleskop Kepler, welches speziell für die Suche nach Planeten entwickelt wurde, registriert wenn ein Planet vor seiner Sonne vorbeizieht.

Bislang hat Kepler ca. 1800 Planeten-Kandidaten

entdeckt, von denen ca. 20 in einer Zone liegen, in der

Leben möglich wäre.

(Stand: 2014)

Diese Zahlen mögen zwar zunächst hoch erscheinen weil sie ja nur unsere Galaxie betreffen,

hierbei muss jedoch beachtet werden, dass allein unsere

Galaxie schon einen Durchmesser von ca. 100.000

Lichtjahren hat!

„Es würde also selbst mit Lichtgeschwindigkeit

(Welche wir als Mensch bis jetzt noch nicht einmal

ansatzweise erreichen können)

noch „100.000 Jahre" dauern um von einem Ende unserer Galaxie

zur anderen zu gelangen."

27

Wie viele Galaxien es insgesamt im Universum gibt kann nur ungefähr gesagt werden.

Es sind schätzungsweise 100 Milliarden Galaxien mit jeweils ca. 100 Milliarden bis ca. 300 Milliarden eigenen Sternen (Sonnen), von denen gut jede zweite mindestens von einem Planeten umrundet wird.

Erwähnenswert ist zudem noch die Vermutung der Wissenschaftler, dass sich im „Zentrum" einer jeden Galaxie, ein „Schwarzes Loch" befindet.
(Im Zentrum unserer Galaxie, soll z.B. ein supermassives schwarzes Loch, mit einer ungefähren Größe von 4,3 Millionen Sonnenmassen existieren.)

Wenn wir schließlich vom Universum sprechen, müssen wir diese gesamten Informationen mitbedenken.

Viele Elemente des Universums können von uns wiederum gar nicht erst erkannt werden.
Nur ca. 4% des Universums erscheinen für uns überhaupt sichtbar und können daher von uns wahrgenommen werden, die restlichen 96% bestehen

aus jeweils 23% Dunkler Materie, sowie 73% aus

Dunkler Energie.

- *Wegen der **„Dunklen Energie"** erfolgt eine ewige Expansion des Universums.*

- *Der **„Dunklen Materie"** wird wiederum eine wichtige Rolle bei der Strukturbildung im Universum zugeschrieben.*

„Die Dunkele Materie ist deshalb so wichtig, weil die Sichtbare Materie im Universum aufgrund ihrer zu geringen Masse nicht ausreichen würde, um die Galaxien mit Hilfe der Gravitationskraft zusammen zu halten."

Was ist Gravitation?

- *Sie bewirkt die gegenseitige Anziehung von Massen.*
- *Sie nimmt mit zunehmender Entfernung ab.*
- *Sie besitzt unbegrenzte Reichweite.*
- *Auf der Erde bewirkt die Gravitation, dass alle Körper nach unten fallen.*
- *Im Sonnensystem bestimmt die Gravitation die Bahnen der Planeten und Monde.*

ZUSAMMENFASSUNG KAPITEL 1
DER URKNALL EIN UNIVERSUM ENTSTEHT

- *Georges Edouard Lemaître sowie Edwin Powell Hubble entdeckten in dem Zeitraum von 1927-1929 die Expansion des Universums.*
- *Fremde Galaxien entfernen sich von unserer Galaxie.*
- *Der Ausdehnungsprozess des Universums beschleunigt sich. Ursache ist die dunkle Energie.*
- *Der Urknall ereignete sich ca. vor 13,8 Milliarden Jahren.*
- *Das gesamte Universum war vor dem Urknall auf einen Stecknadelkopf großen Punkt verdichtet, welcher aus Energie bestand.*
- *Temperatur und Dichte müssen vor dem Urknall unendlich groß gewesen sein.*
- *Alles was unser heutiges Universum beinhaltet, war vor dem Urknall schon auf einem konzentrierten Punkt vorhanden.*
- *Wenn vor dem Urknall alles eins war, ist jetzt immer noch alles ein und das Selbe.*
- *Alles was vor dem Urknall eins war, erscheint nun in den unterschiedlichsten Erscheinungsformen.*

- *Es kann nicht nichts geben, denn aus Nichts wird niemals etwas entstehen können.*
- *Da wo einmal etwas ist, wird niemals mehr nichts sein können.*
- *Erst ab einer ungefähren Höhe von 80 bis 100 Kilometern von der Erdoberfläche aus gemessen, sprechen wir vom Universum.*
- *Die Sonne ist ca. 8 Lichtminuten von der Erde entfernt.*
- *Der Mond ist ca. 360.000 km bis ca. 400.000 km von der Erde entfernt, was etwas mehr als einer Lichtsekunde endspricht.*
- *Lichtgeschwindigkeit bedeutet, dass Licht innerhalb von einer Sekunde, eine Distanz von 300.000 km überwinden kann.*
- *Entfernungen im Universum werden immer in Lichtsekunden, Lichtminuten, Lichtstunde sowie Lichtjahre berechnet.*
- *Wenn Wissenschaftler ein Objekt im Universum betrachten, welches z.B. ca.1 Milliarden Lichtjahre von uns entfernt ist, sehen wir dieses Objekt nicht so wie es zu diesem Zeitpunkt ausgesehen hat, sondern so wie es vor 1 Milliarde Jahren aussah.*

- *Hauptbestandteile unserer Sonne sind: Wasserstoff, Helium, Sauerstoff, Kohlenstoff, Neon sowie Stickstoff*

- *Unsere Sonne übertrifft ca. die 700 fache Masse aller Planeten zusammen und die 330.000 fache Masse unseres Heimatplaneten.*

- *Das Alter unserer Sonne wird auf ca. 4,5 Milliarden Jahre geschätzt, ungefähr zur selben Zeit ist auch der Planet Erde entstanden.*

- *Wissenschaftler vermuten, dass die Erde noch etwa 500 Millionen Jahre lang, ähnlich wie heute bewohnbar sein wird.*

- *In ca. 7 Milliarden Jahren wird sich die Sonne als roter Riese bis an die heutige Erdbahn ausbreiten und unseren Planeten unbewohnbar machen.*

- *Die ersten Sonnen bildeten sich bereits ca. 300 bis 400 Millionen Jahre nach dem Urknall.*

- *Unser Sonnensystem beinhaltet abgesehen von unserem eigenen Planeten noch 7 weitere Planeten die da wären: Merkur, Venus, Mars, Jupiter, Saturn, Uranus, Neptun*

- *Pluto zählt seit dem 24. August 2006 nicht mehr zu ihnen, weil er von der Internationale Astronomische*

Union zu der Klasse der Zwergplaneten eingestuft wurde.

- *Die Milchstraße gehört mit zu den größten der bekannten Galaxien und besitzt schätzungsweise 300 Milliarden Sterne.*
- *Wissenschaftler gehen davon aus, dass jeder zweite Stern Planeten um sich herum hat, was bedeuten würde, dass es in unserer Galaxie mindestens 150 Milliarden Planeten gibt.*
- *Vermutet wird, dass ca. jeder 200. Planet in einer Zone liegt, die das Entstehen von Leben ermöglichen könnte.*
- *Das Weltraumteleskop Kepler welches speziell für die Suche nach Planeten entwickelt wurde, registrierte bis jetzt ca. 1800 Planeten-Kandidaten, von denen ca. 20 in einer Zone liegen, in der Leben möglich wäre. Erdähnlich waren von ihnen ca. 350.*
- *Unsere Galaxie hat einen Durchmesser von ca. 100.000 Lichtjahren. Es würde also selbst mit Lichtgeschwindigkeit noch 100.000 Jahre dauern um von einem Ende unserer Galaxie zur anderen zu gelangen.*
- *Schätzungsweise gibt es 100 Milliarden Galaxien mit jeweils ca. 100 Milliarden bis ca. 300 Milliarden*

eigenen Sonnen, von denen gut jede Zweite mindestens einen Planeten hat.

- *Vermutet wird, dass sich im Zentrum einer jeden Galaxie, ein schwarzes Loch befindet.*
- *Viele Bestandteile des Universums können von uns nicht wahrgenommen werden, nur ca. 4% des Universums erscheinen für uns sichtbar, die restlichen 96% bestehen aus jeweils 23% dunkler Materie sowie 73% aus dunkler Energie.*
- *Durch die dunkle Energie erfolgt eine Expansion des Universums.*
- *Der dunklen Materie wird eine wichtige Rolle bei der Strukturbildung im Universum und bei der Galaxienbildung zugeschrieben, da die Gravitation der sichtbaren Materie im Universum nicht ausreichen würde, um die Galaxien zusammen zu halten.*

Kapitel 2

Die Werkzeuge der Erkenntnis

DIE WERKZEUGE DER ERKENNTNIS

„Ist die Welt wirklich so wie sie mir erscheint,

oder erscheint mir die Welt nur so, wie es mir als

Mensch möglich ist?"

Haben Sie sich jemals gefragt, ob jedes Lebewesen die
gleiche Realität wahrnimmt?

- **Hunde können z.B. Gerüche wahrnehmen, die für uns unerreicht bleiben, genauso sieht es mit Geräuschen aus, die für den Hund durchaus real sind, aber für uns als Menschen ewig stumm bleiben.**

- **Katzen sehen in der Dunkelheit besser als es einem Menschen jemals ohne Hilfsmittel möglich wäre.**

- **Fledermäuse können ihre Umwelt wiederum nur in schwarz weiß betrachten. Einigen Fledermausarten ist es dafür jedoch möglich, dass für uns unsichtbare UV-Licht zu erkennen.**

Dies waren jetzt nur ein paar wenige Beispiele, um Ihnen zu verdeutlichen, wovon dieses Kapitel handeln wird. Wir werden uns nun damit beschäftigen, wie für uns als Mensch und anderen Lebewesen eine wahrnehmbare Realität entsteht.

Jedem sollten ja unsere „5 Sinne" bekannt sein, die uns Informationen über die Außenwelt liefern.

„Genau diese 5 Sinne, sind die Werkzeuge der Erkenntnis."

sehen, *die visuelle Wahrnehmung mit den* **Augen**

hören, *die auditive Wahrnehmung mit den* **Ohren**

riechen, *die olfaktorische Wahrnehmung mit der* **Nase**

schmecken, *die gustatorische Wahrnehmung mit der* **Zunge**

tasten, *die taktile Wahrnehmung mit der* **Haut**

Wir werden uns jetzt mit jedem dieser Werkzeuge ausführlich beschäftigen, herausfinden wie sie als solches funktionieren und wie sie uns eine wahrnehmbare Realität ermöglichen.

Was dabei bedacht werden muss ist, dass diese Werkzeuge der Erkenntnis nicht bei jeder Lebensform vollkommen gleich aufgebaut sind und daher jeweils

„unterschiedliche Variationen"

der Wirklichkeit erzeugen.

Zusammengefasst bedeutet dies:

37

Die Welt ist meine <u>Vorstellung</u>!

„Wir nehmen die Welt niemals so wahr wie sie
tatsächlich ist sondern nur so, wie sie uns anhand
unserer Werkzeuge der Erkenntnis erscheinen kann!"

Fangen wir an:

Die visuelle Wahrnehmung mit den Augen

Kurz zusammengefasst könnte man es zunächst wie folgt
beschreiben:

„Die jeweiligen Augen reagieren auf Lichtreize von außen und
leiten diese dann in Form von elektrischen Impulsen an das Gehirn
weiter.
Das Gehirn wandelt diese empfangenen Impulse wiederum in
Bilder um, die für uns oder der jeweiligen Lebensform dann als
Realität erscheinen."

Dies bedeutet allerdings nicht wie vielleicht vermutet,
dass die so aufgenommenen Informationen 1:1 mit der
Außenwelt übereinstimmen!

Lassen Sie uns zunächst also einmal schauen, wie der
Prozess des Sehens genau verläuft…

Wenn ein **Lichtstrahl** auf das Auge trifft, durchdringt dieser zunächst einmal die **Hornhaut,** anschließend die **Augenkammer mit Kammerwasser,** gefolgt von der **Linse** sowie den **Glaskörper,** anschließend trifft er schließlich auf die **Netzhaut.** Hornhaut und Linse brechen hierbei den Lichtstrahl so, dass auf der Netzhaut ein Bild entsteht.

„Damit allerdings überhaupt etwas gesehen werden kann, wird zunächst eine Lichtquelle benötigt, dies kann z.B. die Sonne bzw. der Mond sein, oder aber auch eine Glühbirne, Kerze oder sonstige Lichtquelle."

*Von dieser Lichtquelle breitet sich das Licht nun in alle Richtungen aus. Wenn diese Lichtstrahlen dann auf bestimmte Gegenstände treffen z.B. einen Baum, werden sie von diesem **reflektiert,** also zurückgeworfen und treffen so auf die Augenlinse.*

„Wenn der Blick also auf einen Baum gerichtet ist, wird ein Teil des Lichts von dem Baum auf die Augen reflektiert."

Im Auge treffen die Lichtstrahlen nun auf die Linse, wo sie schließlich gebrochen und in ihrer Richtung abgelenkt werden.

„Da die Augenlinse eine gewölbte Form hat, bündeln sich die Lichtstrahlen hinter der Linse und laufen an einem Punkt auf der Netzhaut zusammen."

Das Gehirn wird die auf diesem Wege erhaltenen „Informationen" des Baumes, „bearbeiten" und interpretieren damit aus ihnen, schließlich die für uns gewohnte Wirklichkeit entsteht.

„Dieser Prozess sorgt auch dafür, dass wir ein einheitliches und geschlossenes Bild betrachten können, obwohl der Mensch seine Umgebung mit <u>zwei</u> Augen betrachtet und daher also auch zwei gestückelte Bilder als Realität wahrnehmen müsste."

Das fertige Bild, was wir dann schließlich erkennen, befindet sich in einem Bereich unseres Gehirns, der *„Visueller Cortex"* oder auch
„Sehzentrum / Sehrinde"
genannt wird.

Der erste interessante Aspekt hierbei ist die Tatsache, dass Sie <u>niemals</u> „unmittelbaren Kontakt" zu der Außenwelt haben.

Alles was Sie jemals gesehen haben oder noch sehen werden, hat ausschließlich nur in Ihrem Gehirn stattgefunden.

Selbst die Objekte, die Sie sicher als außerhalb von sich selbst empfinden z.b. eine Kaffeetasse, ihre Haustiere oder Kinder, befinden sich letztendlich dennoch nur in Form von „neuronaler Aktivitäten" in Ihrem Kopf.

Vergessen Sie bitte nicht, jeder von uns hat zwar im Alltag das Gefühl, dass wir die Außenwelt unmittelbar erleben, doch wirklich stimmen tut dies nicht.

Die Objekte, die Sie und ich wahrnehmen, mussten ja zuvor erst mal durch unsere „Sinnesorgane" aufgenommen und dann in „elektrische Signale" umgewandelt werden. Damit diese schließlich, zu den verschiedenen Bereichen des Gehirns gelangen. Dort wo sie „bearbeitet" und „interpretiert" werden.

„Erst aus diesen „bearbeiteten Informationen" entsteht dann eine für uns wahrnehmbare Realität im Gehirn!"

Allerdings bedeutet dies auch, dass wir alles was vor unseren Augen geschieht, niemals unmittelbar live erleben können,

denn der Prozess den das Gehirn benötigt um die erhaltenen
Informationen zu bearbeiten und in erkennbare Bilder
umzuwandeln beträgt ca. „1,5 Sekunden".

Beispiel:

Anhand dieses Bildes müssten Sie bemerken
können, dass ca. gefühlte alle
2 Sekunden, *die „**Interpretation**" des Bildes*
*wechselt, entweder wird „**eine Vase**" erkannt oder*
„**zwei Gesichter**".

Info:

*Fossilfunde belegen, dass die ersten Augentypen bereits vor ca. **505***
***Millionen Jahren** existiert haben. Zudem gibt es Schätzungen,*
dass die Augen der verschiedensten Bauweisen sich im Laufe der
*Evolution ca. „**40**" **mal** neu entwickelt haben.*

Info:

„**Das menschliche Auge ist weder das komplexeste, noch**
das am höchsten entwickelte Auge."

„**Die Netzhaut des Froschs ist z.B. höher entwickelt,**
dadurch können sie (die Frösche) Bewegungen von
Insekten wahrnehmen, die der Mensch nicht erkennen
kann."

Farben Realität oder Täuschung?

Wenn wir niemals unmittelbar mit der Außenwelt in Kontakt kommen können und alles Wahrnehmbare nur Interpretation und somit Vorstellung ist, wie verhält es sich dann mit den *„Farben"?*

Entsprechen sie denn zumindest einer einheitlichen Wirklichkeit?

Die Antwort hierdrauf lautet klar **NEIN!**
Ich erkläre Ihnen auch gerne wieso dies nicht der Fall sein kann:

„Farben sind eine individuelle Wahrnehmung",
und werden durch das Licht, welches für das menschliche Auge im sichtbaren Bereich liegt hervorgerufen.

„Für den Menschen erkennbare Farbreize liegen z.B. in einem Bereich zwischen ca. 380 nm und 780 nm des elektromagnetischen Spektrums."

„Farbwahrnehmung ist rein „subjektiver Natur" und wird wiederum durch die Beschaffenheit der Augen, sowie der Interpretation des Gehirns beeinflusst."

„Die erkennbaren Farben sind also nicht schon mit den angeschauten Objekten verknüpft, sondern werden erst im Gehirn erzeugt!"

„Das Licht ist hierbei lediglich der Auslöser dieses Prozesses."

- Die **visuelle Wahrnehmung** erfolgt durch **Rezeptoren,** welche sich auf der **Netzhaut** befinden.

- **Stäbchen** die sich im Auge befinden, sorgen hierbei für den **Kontrast** von **hell** und **dunkel.**

- Die **Zapfen** des Auges sorgen wiederum für die **unterschiedliche Farbwahrnehmung.**

- Die **Zapfen** sind beim Menschen in **drei** verschiedenen Ausprägungen vorhanden, die ihr **Empfindlichkeitsmaximum** jeweils in einem der **Farbbereiche: rot, grün** und **blau** haben.

„Jede Anregung dieser drei Zapfenarten durch eine Lichtquelle welche auf die Netzhaut trifft, bewirkt den jeweiligen spezifischen Farbeindruck."

Zusammenfassung

(Sehen)

- *Alles was Sie mit ihren Augen wahrnehmen und als außerhalb von sich erleben findet, zu jedem Zeitpunkt ausschließlich nur in Ihrem Kopf statt.*

- *Alle Objekte die Sie betrachten, sind in Wirklichkeit nicht so, wie sie Ihnen erscheinen, sondern sie erscheinen Ihnen so, wie es für Sie als Menschen möglich ist sie zu erkennen.*

- *Wie ein Objekt dargestellt wird, hängt zunächst davon ab, auf welche Weise die jeweiligen Augen funktionieren. Ihr Aufbau deren Funktionsweise sowie die Interpretation des Gehirns ist das entscheidende Kriterium hierbei.*

- *Um überhaupt Objekte wahrnehmen zu können, wird zunächst eine Lichtquelle benötigt z.B. (Sonne, Glühbirne), denn erst dadurch, dass ein Lichtstrahl von einem angeschauten Objekt reflektiert wird und so auf diesem Wege auf Ihre Augen trifft, kann das Gehirn Informationen über die Außenwelt erhalten.*

- *Die so aufgenommenen Informationen werden stets in Form von elektrischen Signalen an das Sehzentrum des Gehirns weitergeleitet, wo sie interpretiert und schließlich, in eine für Sie wahrnehmbare Realität umgewandelt werden.*

- *Dadurch dass der Verarbeitungsprozess eine gewisse Zeit in Anspruch nimmt, erleben wir nie ein Livebild der Außenwelt, sondern immer eine leicht verzögerte Version.*

Sie müssen sich stets ins Bewusstsein rufen, dass die Welt allein Ihre Persönliche Vorstellung ist.

„Andere Lebensformen auf diesem Planeten oder auch im Universum, erleben wiederum ihre eigene persönliche Vorstellung der Welt."

Wie diese Vorstellung aussieht hängt immer davon ab, welche Werkzeuge der Erkenntnis, der jeweiligen Spezies zur Verfügung stehen und wie das jeweilige Gehirn, die so erhaltenen Informationen interpretiert.

Die auditive Wahrnehmung mit den Ohren

Geräusche begleiten uns jeden Tag in allen möglichen Situationen des Lebens, sie können uns Freude bereiten z.b. bei schöner Musik, Vogelgezwitscher oder aber auch bei einer netten Unterhaltung mit einer Bekanntschaft.

Häufiger ist es jedoch so, dass sie als sehr unangenehm empfunden werden können, wenn wir uns z.b. auf etwas wichtiges konzentrieren müssen oder schlafen wollen, können gewisse Geräusche als wirklich massiv störend empfunden werden.

(Wobei es ja auch Menschen geben soll, die selbst dann schlafen können, wenn neben ihnen die Welt untergeht.)

Bei allen Geräuschen die Sie schon in ihrem Leben wahrgenommen haben, kam Ihnen da nicht jemals die Frage in den Sinn, wie diese ganzen unterschiedlichen Töne überhaupt entstehen?

Mir kam dieser Gedanke erstmals, während ich mit einem Mp3 Player und Kopfhörern im Ohr Musik gehört habe, ich konnte mir einfach nicht erklären, wie dieser Prozess funktionierte, der es mir ermöglicht wie ganz selbstverständlich, irgendwann aufgenommene Melodien und Stimmen in einer Dateiform

wahrzunehmen, als würde diese unmittelbar live in meiner
direkten Umgebung gespielt werden.

Um Antworten auf diese Fragen zu finden, beschäftigen wir
uns zunächst einmal mit etwas, ohne dessen Hilfe überhaupt
keinerlei Gesänge sonstige Geräusche oder gar
Unterhaltungen möglich wären.

Die Rede ist von den „Stimmbändern"
(auch Stimmlippen genannt),
denn erst sie ermöglichen uns Menschen die verbale
Konversation mit anderen Individuen.

„Der Mensch kann mit diesem nützlichen Werkzeug die
unterschiedlichsten Töne hervorbringen."

Die Stimmbänder werden zwar für akustische Töne z.B.
eine nette Unterhaltung unbedingt benötigt, sind aber
nur eine Seite der Medaille, da diese lediglich
„Schallwellen" produzieren, „welche für sich allein
betrachtet noch keinerlei Geräusche entstehen lassen
können."

„Schall versetzt die Luft um sich herum in Schwingung, so schließlich über die Luft übertragen, gelangen diese Schwingungen in unser Ohr."

Was dann geschieht und wie letztendlich doch noch daraus wahrnehmbare Geräusche entstehen, schauen wir uns jetzt mal etwas genauer an...

Kurz zusammengefasst, könnte man es zunächst wie folgt beschreiben:

- *Hören ist stets ein **Zusammenspiel** zwischen **Schall, Ohr** und **Gehirn.***
- *Die **Ohren** nehmen den **Schall** zunächst auf und **wandeln** diesen in **akustische Reize** um.*
- *Diese **Reize** werden an das **Hörzentrum** des Gehirns **weitergeleitet.***
- *Im **Hörzentrum** angekommen werden diese **akustischen Reize** in **Informationen umgewandelt** und so **interpretiert,** dass wir sie als **Geräusch wahrnehmen** können.*

*„**Ohne die Arbeit des Hörzentrums wäre es z. B. nicht möglich Vogelgezwitscher als solches zu erkennen.**"*

„Der hörbare Bereich des menschlichen Ohrs reicht von etwa 16 Hertz bis maximal 20.000 Hertz"

(Gewissen Tierarten ist es jedoch möglich, wesentlich höhere bzw. niedrigere Frequenzen als der Mensch wahrzunehmen.)

- *Giraffen, Blauwale und Elefanten können z.B. noch tiefere Frequenzen wahrnehmen, den so genannten Infraschall.*
- *Tiere wie z.B. Hunde, Delfine, Ratten, Mäuse und Fledermäuse, können dagegen höhere Frequenzen, wahrnehmen, den Ultraschall.*

Aufbau der Ohren

„Das Außenohr umfasst den Ohrknorpel, die Ohrmuschel, das Ohrläppchen den äußeren Gehörgang, sowie die Außenseite des Trommelfells."

- *Es dient nicht nur dem Einfangen des Schalls, sondern auch um die Einfallsrichtung des Schalls zu erkennen.*

„Die zahlreichen Erhebungen und Vertiefungen die sich in der Ohrmuschel befinden; bilden die akustischen Resonatoren, welche jeweils bei Schalleinfall aus einer bestimmten Richtung angeregt werden."

„Zum Mittelohr gehören das Trommelfell die Gehörknöchelchen, Hammer, Amboss sowie der Steigbügel."

- *Das Mittelohr befindet sich im Felsenbein des Schädels und ist ein mit Schleimhaut ausgekleideter Raum, der zusätzlich mit Luft gefüllt ist.*
- *In ihm befinden sich die Gehörknöchel deren Funktion es ist, die Schwingungsenergien des Schalls vom äußeren Gehörgang über das Trommelfell und letztendlich zum Innenohr weiterzuleiten.*

„Die wohl wichtigste Aufgabe des Mittelohrs, abgesehen von der Schallweiterleitung, ist die sogenannte Schallwellenwiderstandsanpassung."

Info

(Impedanzanpassung)

- *Der eintreffende Schall gelangt durch den äußeren Gehörgang in das Trommelfell.*

- *Wenn sich nun das mit Flüssigkeit gefüllte Innenohr direkt anschließt, wäre es so, dass ca. **99%** der Schallwellen reflektieren würden.*

- **Dies liegt daran, weil der Schallwellenwiderstand zwischen der Luft und der Innenohrflüssigkeit viel zu groß ist.**

Und genau dieses Problem wird mit Hilfe des Mittelohrs gelöst!

Die Schallenergie wird effektiv über Hammer, Amboss und Steigbügel, an das so genannte ovale Fenster im Ohr übertragen.

„Insgesamt wird durch das Mittelohr und seine Impedanzanpassung die Schallreflexion auf 35% reduziert."

(Was eine Steigerung des Hörvermögens um 10-20 Dezibel ermöglicht.)

„Das Innenohr befindet sich in einem kleinen Hohlraumsystem innerhalb des Felsenbeines."

„Das Felsenbein ist der härteste Knochen des Menschenschädels und ein Bereich des Schläfenbeins."

- *In dem knöchernen Labyrinth des Hohlraumsystems befindet sich die **Gehörschnecke**.*
  (Der Bereich wo eintreffender Schall in Nervenimpulse umgewandelt wird.)

„Von der Gehörschnecke aus, geht der Hörnerv gemeinsam mit den Nervenbündeln des Gleichgewichtsorganes in Richtung Gehirn."

Auditiver Cortex
Das Gehirn macht die Musik

*Der **„auditive Cortex"** auch Hörzentrum oder Hörrinde genannt, ist ein Bereich der Großhirnrinde und ermöglicht die **Interpretation**, sowie dem Bewusstwerden des zuvor in **elektrische Signale umgewandelten Schalls**.*

„Das Gehirn ist somit der eigentliche Erzeuger der Töne, welche wir jedoch fälschlicherweise als außerhalb von uns annehmen!"

„Genau wie beim Vorgang des Sehens befinden sich die Töne niemals außerhalb von Ihnen, sondern sie entstehen und befinden sich ausschließlich in Ihrem Kopf bzw. dem Gehirn."

„Wie die Geräusche schließlich wahrgenommen werden, hängt immer davon ab, wie die Ohren der jeweiligen Lebensform aufgebaut sind und auf welche Weise die eintreffenden Schallwellen, von dem jeweiligen Gehirn verarbeitet und interpretiert werden."

Zusammenfassung

(Hören)

- *Alles was Sie mit Ihren Ohren hören und als außerhalb von sich empfinden, existiert ausschließlich nur in Ihrem Kopf.*

- *Alle Geräusche die Sie wahrnehmen, klingen in Wirklichkeit nicht so wie es Ihnen vorkommt, sondern Sie hören die Geräusche so, wie es für Sie als Menschen möglich ist, sie zu hören.*

- *Wie sich ein Geräusch anhört, hängt davon ab, auf welche Weise das jeweilige Ohrenpaar funktioniert, ihr Aufbau deren Funktionsweise sowie die*

Interpretation des Gehirns ist das Entscheidende hierbei.

- Um überhaupt Geräusche wahrnehmen zu können wird zunächst eine Schallquelle benötigt, denn erst dadurch, dass eine Schallwelle in ihre Ohren gelangt, kann das Gehirn Informationen über die Außenwelt erhalten.

- Diese so aufgenommenen Informationen werden stets in Form von **„elektrischen Signalen"** an das **„Hörzentrum"** des Gehirns weitergeleitet, wo sie **„interpretiert"** und schließlich in ein für Sie wahrnehmbares Geräusch umgewandelt werden.

- Dadurch, dass der Verarbeitungsprozess eine gewisse Zeit in Anspruch nimmt, erleben wir nie eine Liveversion des Geräusches, sondern stets eine leicht verzögerte Variante.

„Sie müssen sich stets ins Bewusstsein rufen, dass die Welt allein Ihre persönliche Vorstellung ist."

„Andere Lebensformen auf diesem Planeten oder auch im Universum erleben wiederum ihre eigene persönliche Vorstellung der Welt."

Wie diese Vorstellung aussieht, hängt immer davon ab, welche Werkzeuge der Erkenntnis der jeweiligen Spezies zur Verfügung stehen und wie das jeweilige Gehirn, die so erhaltenen Informationen interpretiert.

Den Prozess des Sehens sowie des Hörens haben wir nun hinter uns gelassen und Sie werden sicherlich bereits gewisse Parallelen zwischen diesen beiden Vorgängen bemerkt haben. Das Gehirn spielt immer die entscheidendste Rolle für das Erleben einer Wirklichkeit, doch genau diese Erlebbare Wirklichkeit findet ausschließlich nur in den jeweiligen Arealen des Gehirns statt.

Hinzu kommt noch, dass es keine einheitliche und *„die richtige Wirklichkeit"* geben kann, weil eben Wirklichkeit nur eine reine *Interpretationssache* des Gehirns ist und der Interpretationsvorgang hängt wiederum davon ab, wie die *„Werkzeuge der Erkenntnis"*, sowie das Gehirn bei der jeweiligen Lebensform aufgebaut sind und funktionieren.

Ich hoffe dass Sie weiterhin viel Spaß beim Lesen haben werden. Als nächstes werden wir uns mit dem Prozess des Riechens beschäftigen.

Die olfaktorische Wahrnehmung mit der Nase

„Der Geruchssinn zählt zu den ältesten Werkzeugen der Erkenntnis",

selbst Einzeller haben schon die Möglichkeit auf chemische Stoffe zu reagieren.

„Der Geruchssinn ist allein schon aus dem Grund von enormer Bedeutung, weil ein Lebewesen, welches nicht imstande wäre Gerüche wahrzunehmen, viele *Bedrohungen* wie etwa *Feuer, Feinde* oder *vergammelte Nahrung* nicht rechtzeitig als solche erkennen könnte."

Auch für den Menschen ist die Nase ein sehr wichtiges Werkzeug der Erkenntnis, mit dessen Hilfe er sich in seiner Umwelt zurechtfinden kann.

Lassen sie uns also nun einmal damit beginnen, uns mit dem Vorgang des Riechens etwas genauer zu beschäftigen.

- *Die **Rezeptionszone** des **olfaktorischen Systems** befindet sich im **inneren** der **Nase**.*

- *Jede **Nasenhöhle** beinhaltet **drei** von den **Nasenaußenwänden nach innen gerichtete wulstartige Gebilde**, die sogenannten **Nasenmuscheln**.*

- *Diese **Nasenmuscheln** sind mit **Nasenschleimhaut überzogene Knochenlamellen**, welche den **Luftstrom regulieren**.*

- *Das **olfaktorische Gebiet** ist auf die **Riechschleimhaut oberhalb der oberen Nasenmuschel begrenzt**, dieser Bereich welcher beim **Menschen** nur ca. **2 x 5 cm^2 groß** ist, enthält auf **die Wahrnehmung von Duftmolekülen spezialisierten Sinneszellen**.*

Die Sinneszellen sind mit sehr vielen unterschiedlichen *Rezeptoren* bestückt, wenn nun *Geruchsmoleküle in Form von gasförmigen Stoffen* an diese *Rezeptoren andocken*, lösen sie in der *Nervenzelle* eine *Erregung* aus, die dann als *elektrische Impulse* über die *Nervenfasern* weiter an den *Riechkolben* geleitet werden.

Im *Riechkolben* angekommen werden diese *Signale* auf weitere *Nervenzellen übertragen,* welche ins *Riechhirn* führen.

(Dort wo die eintreffenden Informationen schließlich „verarbeitet" und „interpretiert" werden.)

Das Riechhirn schickt die „bearbeiteten" und „interpretierten" Informationen weiter an die „Großhirnrinde".

„Hier entsteht schließlich der für uns gewohnte Geruchseindruck!"

- *Ob wir einen Duft schließlich mögen oder nicht, ist abhängig von der jeweiligen Erfahrung, die wir mit diesem Geruch bereits gemacht haben.*

- *Zu jedem Geruch wird auch ein Gefühl erzeugt, dies kann sowohl Freude, Wohlempfinden, Ekel oder aber auch Angst sein.*

Dieser Prozess geschieht vollkommen unkontrolliert, wir können ihn nicht beeinflussen.

„Wenn wir den Duft riechen, ist er schließlich bereits im Gehirn angekommen und hat dadurch etwas bewirkt."

(Er könnte uns z.B. an etwas erinnert haben.)

Durch diese unterbewusste <u>Interpretation</u> der eintreffenden <u>Information</u>, dringen die Gerüche schließlich in unser Bewusstsein hervor.

Zusammenfassung
(Riechen)

- *Alles was Sie mit ihrer Nase als Geruch wahrnehmen und als etwas außerhalb von sich empfinden, findet nur in ihrem Kopf statt.*

- *Alle Gerüche die Sie wahrnehmen, sind in Wirklichkeit nicht so, wie sie Ihnen vorkommen, sondern Sie erkennen sie so, wie es für Sie als Menschen möglich ist sie zu erkennen.*

- *Wie etwas riecht, hängt zunächst davon ab, auf welche Weise die jeweilige Nase funktioniert. Ihr Aufbau deren Funktionsweise sowie die Interpretation des Gehirns sind das Entscheidende hierbei.*

- Um überhaupt Gerüche wahrnehmen zu können, werden Duftmoleküle benötigt, die von den jeweiligen Objekten abgesondert werden.

- Erst dadurch, dass Duftmoleküle in Ihre Nase gelangen, kann das Gehirn Informationen über die Außenwelt erhalten.

- Die so aufgenommenen Informationen, werden stets in Form von **„elektrischen Signalen"** an das **„Riechhirn"** weitergeleitet, wo sie **„interpretiert"** und schließlich in einen für Sie wahrnehmbaren Geruch umgewandelt werden.

- Dadurch, dass der Verarbeitungsprozess eine gewisse Zeit in Anspruch nimmt, nehmen wir den Geruch immer mit einer leichten Verzögerung wahr.

Sie müssen sich stets ins Bewusstsein rufen, das die Welt allein Ihre persönliche Vorstellung ist.

„Andere Lebensformen auf diesem Planeten oder auch im Universum erleben wiederum ihre eigene persönliche Vorstellung der Welt."

*Wie diese Vorstellung aussieht, hängt immer davon ab,
welche Werkzeuge der Erkenntnis der jeweiligen
Spezies zur Verfügung stehen und wie das Gehirn, die so
erhaltenen Informationen interpretiert.*

Die gustatorische Wahrnehmung mit der Zunge

*Als **„gustatorische Wahrnehmung"** wird das erfahrbare Erlebnis
eines Geschmackes bezeichnet, welches durch **Reizung** der
Geschmacksknospen, in Verbindung mit einer
Geruchsverarbeitung hervorgerufen wird.*

*„**Der Geschmackssinn wird ebenso wie der Geruchssinn
durch vom Gehirn interpretierte chemische Reize
hervorgerufen.**"*

- *Beim erwachsenen Menschen liegen die
  Sinneszellen des **Geschmacksorgans** auf der
  Zunge- und in der **Rachenschleimhaut.***

- *Diese vermitteln zunächst **5-6** unterschiedliche
  Grundqualitäten von Geschmack,
  süß, sauer, salzig, bitter, umami,*

„Umami ist der sogenannte Fleischgeschmack"
und fetthaltig.

- *Saure und bittere Geschmäcker könnten z.B. auf*
  unreife, vergorene oder giftige Nahrung hinweisen.

- *Die Geschmacksqualitäten süß, salzig, umami sowie*
  fetthaltig kennzeichnet eine Nahrung wiederum
  grob nach ihrem Gehalt an ernährungswichtigen
  Stoffen.

„Der Sinneseindruck der üblicherweise als Geschmack
bezeichnet wird, ist ein permanentes Zusammenspiel
des Geschmacks, sowie des Geruchssinns."

Die **Rezeptorzellen** für verschiedene Geschmackssorten sind
bei Säugetieren in den **Geschmacksknospen** angeordnet,
welche sich auf der **Zunge** in den **Geschmackspapillen** und
auch in den **Schleimhäuten** von **Mundhöhle**, **Rachen** und
Schlund befinden.

„Etwa 25 % der Geschmacksknospen sind auf dem
vorderen Bereich der Zunge angeordnet, weitere ca. 50
% wiederum auf dem hinteren Zungenbereich, die

übrigen ca. 25% verteilen sich auf Gaumensegel,
Nasenrachen, Kehlkopf und der oberen Speiseröhre."

Jede Geschmacksknospe kann ca. 50 bis 150 Sinneszellen beinhalten, abhängig hierbei ist natürlich auch die jeweilige Lebensform.

Säuglinge und Kleinkinder haben nicht nur zahlenmäßig mehr Geschmacksknospen, sondern außerdem welche auf dem harten Gaumen, in der Zungenmitte, sowie in der Lippen- und Wangenschleimhaut.
(Mit zunehmendem Alter verschwinden diese jedoch.)

„Nur ein kleiner Teil, der als Geschmack wahrgenommenen Empfindungen entstehen allein durch die Reizung der Geschmacksknospen, der Geruchsinn spielt hierbei auch eine entschiedene Rolle."
(Wie Sie vielleicht bei einer Erkältung schon selbst bemerken konnten.)

„Durch die hin und her Bewegung beim Zerkauen einer Nahrung im Mund gelangen Aromastoffe über den Rachen in die Nasenhöhle, wo sie von den Riechzellen erfasst werden."

Die Geruchs und Geschmacksreize werden über Nervenfasern in Form von elektrischen Signalen auf unterschiedlichen Bahnen ins Gehirn weitergeleitet, wo sie zunächst im „Thalamus" des „Zwischenhirns" zusammengefasst und anschließend in der „Großhirnrinde" interpretiert werden.

„Der Gesamteindruck eines Geschmacks entsteht somit wie bei jeder anderen Wahrnehmung auch, nur im Gehirn."

Das dabei die „olfaktorische Wahrnehmung" (Geruchsinn) für das als Geschmack bezeichnete Erlebnis sogar etwas wichtiger sein kann als die „gustatorische Wahrnehmung" (Geschmackssinn,) können Sie selber einmal testen, wenn Sie sich z.B. eine Wäscheklammer auf die Nase Stecken und in diesem Zustand eine Speise zu sich nehmen.

Zusammenfassung

(Schmecken)

- *Alles was Sie mit Ihrer Zunge, in Zusammenarbeit mit der Nase schmecken und irrtümlicherweise der jeweiligen Speise zuordnen, existiert ausschließlich in Ihrem Kopf.*

- *Jegliches Getränk oder Nahrungsmittel welches Sie zu sich nehmen, schmeckt in Wirklichkeit nicht so, wie es Ihnen vorkommt, sondern Sie erleben den jeweiligen Geschmackseindruck so, wie es für Sie als Menschen möglich ist ihn zu erleben.*

- *Wie Ihnen etwas schmeckt hängt davon ab, auf welche Weise der Geruchssinn sowie die Geschmacksknospen der Zunge aufgebaut sind und als solche funktionieren.*

- *Es ist die Verbindung zwischen Zunge und Nase, welche die jeweiligen Informationen in Form von **elektrischen Signalen** an das Gehirn weiterleiten, wo sie im Prozess des Schmeckens zunächst im **„Thalamus des Zwischenhirns"** zusammengefasst und anschließend in der **„Großhirnrinde"** **interpretiert** werden. **Erst dort entsteht letztendlich der Geschmack, welcher vom jeweiligen Lebewesen wahrgenommen wird.***

Sie müssen sich stets ins Bewusstsein rufen, dass die Welt allein Ihre persönliche Vorstellung ist.

„Andere Lebensformen auf diesem Planeten oder auch im Universum erleben wiederum ihre eigene persönliche Vorstellung der Welt."

Wie diese Vorstellung aussieht, hängt immer davon ab, welche Werkzeuge der Erkenntnis der jeweiligen Spezies zur Verfügung stehen und wie das jeweilige Gehirn, die so erhaltenen Informationen interpretiert.

Die taktile Wahrnehmung mit der Haut

Die Haut ist unser größtes Sinnesorgan, der ganze Körper wird von ihr umhüllt, sie ist somit unsere Grenze zwischen innen und außen.

- Die Haut eines Erwachsenen misst **ca. zwei Quadratmeter** und wiegt **ca. 13 Kilogramm**, sie ist damit das größte menschliche Organ und das einzige, dessen Zustand **unmittelbar** sichtbar ist.

- Die Haut besteht aus **mehreren Schichten** und ist ein **sensorisches Gesamtkunstwerk**.

- **Sie enthält ein Viertel des im Körper gespeicherten Wassers,** das ist nun wirklich eine ganze Menge, denn der Mensch besteht ja zu **70 Prozent nur aus Wasser.**

In einem Quadratzentimeter Haut befinden sich ca: 600.000 Zellen, 5.000 Sinneszellen, 4 Meter Nervenbahnen, 100 Schweißdrüsen, 1 Meter Blutgefäße, 15 Talgdrüsen, 5 Haare und 150.000 Pigmentzellen.

- *Die Haut nimmt den leichtesten Druck wahr und meldet alle Empfindungen an das **zentrale Nervensystem.***

- *Über den Tastsinn lernt schon das Kind den erlebten Berührungen, entsprechende Bedeutungen zu geben **z. B. die Bedeutung von streicheln und in den Arm genommen werden.***

- ***Fühlen und spüren ermöglichen sich seines eigenen Körpers bewusst zu werden,** sowie angenehme, von den unangenehmen Empfindungen zu differenzieren **(unterscheiden).***

- *Die taktile Wahrnehmung existiert schon ca. ab dem zweiten Schwangerschaftsmonat. Es ist das erste ausgebildete Werkzeug der Erkenntnis.*

- *Die **Berührungsempfindlichkeit** entwickelt sich vom Kopf ausgehend nach unten zu den Extremitäten.*

„Kinder die nicht genügend taktile Erfahrungen sammeln konnten, laufen der Gefahr sozial einzugehen und sind in ihrer geistigen und emotionalen Entwicklung meist beschränkter!"

*Dies liegt allein daran, weil dem **Gehirn** und somit auch dem „**Gefühlshaushalt**" sehr wichtige **Impulse** fehlen, die für die **soziale** sowie **emotionale Entwicklung** äußerst wichtig sind.*

- Wenn ein Kind einen Gegenstand ertastet, dienen die Berührungen hierbei, zum Zwecke der Erkundung.
  Es werden Informationen über den Gegenstand gewonnen, **eine besondere Rolle bei der Erkundungswahrnehmung spielen die Hände, in jüngeren Jahren besonders „der Mund".**

- Hände und Füße sind gleichzeitig Erkundungs- sowie Ausführungsorgan. **Als Erkundungsorgan nehmen sie Informationen für den Tastsinn wahr.**

Die Kombination dieser zwei Funktionen, „erkunden" und „ausführen", zeigt den engen Zusammenhang zwischen Tastsinn sowie des Bewegungssinns und ist bei keinem anderen Sinnessystem so gegeben.

- ***Der Mund*** *ist vor allem in den ersten Lebensjahren das bevorzugte Tastorgan und daher bei der Wahrnehmung von sehr großer Bedeutung.*

„Mit ihm sammeln Kleinkinder Informationen über die Objekte in ihrer Umgebung."
„Erst mit etwa einem halben Jahr können sie unterschiedliche Materialien auch mit ihren Händen gut ertasten."

- *Erst mit **ca. 18 Monaten** werden feine Unterschiede an Gegenständen, mit den Händen genauso gut wahrgenommen wie mit dem Mund.*

„Es ist daher wichtig für Kleinkinder, Dinge in den Mund zu stecken, an ihnen zu lutschen, darauf zu kauen oder hinein zu beißen."

- *Bei der Geburt eines Kindes wird überwiegend die* **Haut** *und somit* **„der Tastsinn des Säuglings"** *stimuliert.*

Durch diese „Stimulation" leiten die Nerven der Haut diese Reize zu den Organen des Säuglings weiter, um diese auf die „Eigentätigkeit" vorzubereiten.

„Schon bei der Geburt ist der Tastsinn von allen Sinnen der am besten entwickelte!"

Man unterscheidet zwischen zwei Arten von Nerven.

Während die **sensorischen** *(zerebrospinalen) Nerven, äußere und innere Hautreize wie* **Berührung, Spannung, Schmerz, Wärme und Kälte** *wahrnehmen und zum Gehirn weiterleiten, kontrollieren die* **autonomen** *(vegetativen) Nerven die* **Gefäße, Hautanhangsorgane** *(Follikelapparat und Schweißdrüsen), sowie die glatten Muskeln zum Aufrichten der Haare.*

Auch hier ist es wieder so, dass alle über die haut aufgenommenen Reize in „elektrische Signale" umgewandelt werden, um schließlich so an das Gehirn weitergeleitet werden zu können.

Dort angekommen findet wieder die *„Interpretation"* der eingegangenen Signale statt.

Wenn Temperaturen z.B. durch den direkten Hautkontakt wahrgenommen werden, gehören sie zum Bereich des Tastsinns.

„Diese Wahrnehmung ist jedoch rein subjektiv und unterliegt vielen Täuschungen." So hängt z. B. das Empfinden von Kälte und Wärme eines Gegenstandes von der Temperatur und Beschaffenheit der Haut ab!

Zusammenfassung
(fühlen)

- *Alles was Sie mit ihrer Haut fühlen und empfinden entsteht zu jedem Zeitpunkt nur in Ihrem Kopf.*

- *Alles was Sie erfühlen z.B. die Rinde eines Baumes oder empfinden (Kälte, Wärme) ist in Wirklichkeit* nicht so, wie Sie es erleben, sondern Sie erleben es so, wie es für Sie als Menschen möglich ist es zu erleben.

- Wie sich etwas anfühlt hängt davon ab, auf welche Weise die jeweilige Haut des Lebewesens aufgebaut ist, sowie deren Funktionsweise.

- Durch die Haut aufgenommenen **Informationen** werden stets in Form von **elektrischen Signalen** an das Gehirn weitergeleitet, wo sie **interpretiert** und schließlich in eine für Sie wahrnehmbare Realität umgewandelt werden.

- Dadurch, dass der Verarbeitungsprozess eine gewisse Zeit in Anspruch nimmt, erleben wir nie ein Liveversion der jeweiligen Empfindung, sondern immer eine leicht verzögerte Variante.

Sie müssen sich stets ins Bewusstsein rufen, dass die Welt allein Ihre persönliche Vorstellung ist.

„Andere Lebensformen auf diesem Planeten oder auch im Universum erleben wiederum ihre eigene persönliche Vorstellung der Welt."

Wie diese Vorstellung aussieht, hängt immer davon ab,
welche Werkzeuge der Erkenntnis der jeweiligen
Spezies zur Verfügung stehen und wie das jeweilige
Gehirn, die so erhaltenen Informationen interpretiert.

Zum Abschluss dieses Kapitels möchte ich Ihnen noch ein paar Beispiele nennen, die es für Sie vielleicht etwas einfacher machen daran zu glauben, dass Realität erst in Ihrem Gehirn entsteht…

Praktische Beispiele

Sehen: *Das alles was Sie sehen nur in ihrem Gehirn existiert, ist eigentlich sehr leicht zu beweisen. Für ein kleines Selbstexperiment halten Sie sich einfach einmal Ihren Zeigefinger vor die Nase und beginnen dabei zu schielen.*

Plötzlich werden sie feststellen, dass Sie den Finger doppelt sehen,

Sie sehen also etwas, was in Wirklichkeit gar nicht existiert und dennoch sehen Sie es so, als sei es Real.

Andere Beispiele wären Halluzinationen, welche durch Drogeneinflüsse entstehen können, oder aber auch Fata Morganas wie sie schon oft in der Wüste erlebt wurden.

Das alltäglichste Beispiel sind jedoch unsere Träume, denn dort erleben Sie ganze Welten, die wirklich

unglaublich realistisch sein können und sich dennoch nur in Ihrem Gehirn abspielen.

Hören: *Stellen Sie sich einmal vor, wie Sie gemütlich in Ihrem Wohnzimmer sitzen und sich alleine oder vielleicht mit Ihren Liebsten einen Film anschauen. Und jetzt fragen Sie sich bitte einmal, woher die ganzen Geräusche kommen, welche Sie wahrnehmen?*

Jedem von uns ist hierbei bekannt, dass die Töne, welcher ein Fernseher wiedergeben kann, aus seinen jeweiligen Lautsprechern kommen.

Bei einem Mp3 Player wären es z.B. die Kopfhörer, doch sowohl die Lautsprecher des Fernsehers, als auch die Kopfhörer des Mp3 Players, erzeugen lediglich „Schallwellen" und nichts anderes.
Wo also entstehen dann die Geräusche?

Ein wiederum anderes aber auch sehr einleuchtendes Beispiel, wären die sogenannten „Ohrwürmer", die wohl jeder von uns schon einmal erlebt hat, oder aber auch „das gedankliche Sprechen mit sich selbst",
in diesen beiden Fällen hört man etwas im eigenen Kopf, obwohl keinerlei „natürliche Ursachen" z.B. Schallwellen dafür vorhanden sind.

Wo also entstehen dann diese Melodien bzw. die eigene Stimme, die man im Kopf hört?

Riechen: *Jeder kennt sie, viele lieben sie,* **Parfums, Duftkerzen, aromatische Bade Öle** *und vieles mehr.*

„In den meisten Fällen, beinhalten diese Produkte allerdings nichts von dem, wonach sie eigentlich riechen sollen."

„Synthetische Duftstoffe" machen dies möglich,
denn auf diese Weise wird das Gehirn **„reingelegt",** *indem mit* **chemischen Mitteln** *ein rein* **künstlicher Geruch** *hergestellt wird, welcher die* **Duftmoleküle** *der originalen Duftquelle imitieren soll.*
„Dies funktioniert aber immer nur bedingt gut, denn das Original lässt sich nicht so leicht kopieren."

Schmecken: *Sie haben sicherlich schon einmal etwas gegessen oder getrunken, wovon Sie im Nachhinein enttäuscht waren, weil es Ihnen nicht so geschmeckt hat, wie Sie es vielleicht erwartet hätten.*
Ein Beispiel hierzu könnte ein Früchtejoghurt sein, wo Sie leider zu spät festgestellt haben, dass dieser besagte

Joghurt und die darauf abgebildete Frucht sich wohl niemals begegnet sind.

„Künstliche Aromastoffe" machen dies möglich.

*Durch **„chemische Synthese"** wird hierbei versucht, den Geschmack einer Frucht oder sonstiges auf **künstlichem Wege** zu erzeugen.*

*Ihr Gehirn soll auf diese Weise getäuscht werden, damit es **(das Gehirn)** z.B. den Geschmack einer Erdbeere erzeugt,*
„obwohl das jeweilige Produkt überhaupt keine Erdbeere beinhaltet."

*Dieses Verfahren kann aber niemals **den Originalgeschmack** einer Erdbeere ersetzen und genau deshalb schmecken uns diese Produkte auch meist nicht sonderlich gut.*
„Dies fällt einem aber natürlich nur auf, wenn man zuvor auch einmal eine richtige Erdbeere gegessen hat."

Fühlen: *Das alles was wir fühlen auch nur im Gehirn entsteht, können vor allem „Frauen" im Sommer oft erleben.*

Stellen Sie sich hierzu einmal folgende Situation vor:

Sie sitzen auf einer Wiese in einem Park und genießen einen schönen sonnigen Tag, plötzlich merken Sie ein Kribbeln auf Ihrer

Haut, als Sie hinschauen; um zu erfahren was der Auslöser dafür war, stellen Sie fest, dass dort eine kleine Spinne herumkrabbelt.

Nachdem Sie diese entfernt haben und weiterhin versuchen den sonnigen Tag zu genießen, bleibt das Gefühl dieses Kribbelns dennoch weiterhin vorhanden.

Nicht nur das, jetzt fängt dieses Gefühl sogar an, an anderen Körperstellen zu entstehen, obwohl dort überhaupt nichts ist, was dies hätte auslösen können.

Andere Beispiele wären:

„Das unterschiedliche Empfinden von Kälte, Wärme oder aber auch Schmerzen."

Es hängt alles davon ab, wie die Haut des jeweiligen Lebewesens geschaffen ist und wie die über diese erhaltenen Informationen vom Gehirn interpretiert wurden.

Gefühle wie Freude, Angst, Wut oder Zorn entstehen schließlich auch nur im Gehirn.

Kapitel 3

Die Beziehung zwischen Subjekt und Objekt

DIE BEZIEHUNG ZWISCHEN SUBJEKT UND OBJEKT

Stellen Sie sich einmal einen Baum vor, der auf einer einsamen Insel steht, auf der es keine Lebewesen gibt, welche diesen Baum anschauen könnten.

Wie Sie vielleicht sofort bemerken werden, ist dieser Gedankengang überhaupt nicht möglich, weil allein durch diese besagte Überlegung, der Baum als „gedankliches Abbild" in Ihnen anfängt zu existieren.

Könnte also dieser Baum überhaupt bestehen, wenn niemand vorhanden wäre um ihn wahrzunehmen?

Nein! Zumindest nicht so, wie Sie es bis jetzt gewohnt waren, denn die Welt ist stets nur die „persönliche Vorstellung" eines mit Werkzeugen der Erkenntnis ausgestatteten Lebewesens.

Die Welt besteht aus fast unendlich vielen Objekten, die Sie als Mensch, also als *erkennendes Lebewesen,* auch *Subjekt* genannt, erfahren könnten.

Sie und ich kennen diese Objekte, allerdings nur in unserer persönlichen Vorstellung, der Realität.

„Eine Realität Welche wiederum davon abhängig ist,
welche Werkzeuge der Erkenntnis uns als Lebewesen
zur Verfügung stehen, wie sie aufgebaut sind und als
solche funktionieren." Sich ein Objekt außerhalb
unserer „persönlichen Vorstellung" vorzustellen, ist
daher ein Ding der Unmöglichkeit.

Da wir eben nur „diese eine Vorstellung der Welt" gewohnt
sind und wahrnehmen können!

„Objekte welche nicht von einem Subjekt
Wahrgenommen werden, existieren <u>niemals</u> so, wie Sie
es bis jetzt gewohnt waren."
Sie können auch gar nicht als solches existieren, weil ja keine
„Werkzeuge der Erkenntnis" vorhanden sind, welche die
aufgenommenen „Informationen" über das besagte Objekt an ein
„Gehirn" weiterleiten könnten.
„Dort wo die Objekte schließlich erst zu einem für Sie
und mich wahrnehmbaren Gegenstand generiert
werden."

Dies bedeutet die Welt kann überhaupt erst
„durch die Beobachtung eines Subjekts" entstehen.

„Wie die Beschaffenheit der Objekte unabhängig von einer Betrachtung des jeweiligen Subjekts ist, kann nicht gesagt werden!"

„Es ist für ein Subjekt <u>unmöglich</u> ein unverfälschtes Bild seiner Umgebung zu erfahren!"

Die Werkzeuge der Erkenntnis übertragen „die Informationen der Außenwelt" leider immer nur so, wie es ihnen anhand ihrer Beschaffenheit, sowie deren jeweiligen Funktionsweise ermöglich ist.

Hinzu kommt noch, dass die so aufgenommenen Informationen, von dem Gehirn des Subjekts stets nur *„interpretiert"* werden und daher *niemals* mit dem *„Original"* wirklich übereinstimmen können!!!

Machen Sie sich aber bitte darüber keine sonderlich großen Sorgen, denn die Welt der Illusionen wird immer unbedeutender, nachdem die höhere Erkenntnis verinnerlicht wurde.

Zusammengefasst könnten wir
„die Beziehung zwischen Subjekt und Objekt"
also zunächst einmal folgendermaßen beschreiben:

„Subjekt sein" bedeutet zu erkennen.

„Objekt sein" bedeutet erkannt zu werden.

„Sein" heißt Wahrgenommen werden.

Wie die Dinge „an sich" beschaffen sind, also

„unabhängig" von der Wahrnehmung eines Subjekts,

bleibt für uns stets im Verborgenen.

*Die Welt ist allein **„die Vorstellung"** des jeweiligen Subjekts.*

Alles was ist, hat einen Grund

weshalb es so ist, wie es ist.

Kein Objekt könnte so sein wie es ist,

wenn nicht ein Subjekt da wäre,

welches so ist, wie es ist.

„Jedes Objekt zeigt sich dem Subjekt nur so, wie es für

das Subjekt möglich ist es zu erkennen."

„Dass die Welt eine Vorstellung ist, welche davon

abhängt wie das Subjekt beschaffen ist, gehört mit zu

den wichtigsten Erkenntnissen."

Wenn nun aber *„die wahre Natur der Realität"* nicht erkannt werden kann, sondern uns immer nur eine jeweilige

„Interpretation" (Vorstellung) derselben gegeben ist, wie verhält es sich dann mit dem eigenen Körper?

„Schließlich ist er ja wiederum auch nur ein Objekt
unter anderen Objekten"
und kann als solches auch nur „eine Vorstellung" des
jeweiligen Subjekts sein.

Das würde ja bedeuten, dass selbst mein eigener Körper, den ich in einem Spiegel begutachten kann, allein meine persönliche Vorstellung als Subjekt ist und daher mir nicht als originales Abbild gegeben sein kann.

Richtig:
Mein, Ihr und jeder andere Körper ist ein Objekt, wie jedes andere Objekt auch und unterliegt damit den
„Gesetzmäßigkeiten" von Subjekt und Objekt.

Das Besondere hierbei ist allerdings folgendes:

Der Mensch ist „Subjekt" und „Objekt" zugleich!
Daher unterscheidet er sich nun mal doch enorm von anderen Objekten wie z.B. einem Baum, Stein, oder sonstigem.

Der Mensch hat zwar auch keinerlei Möglichkeiten sich
selbst (den Körper), unabhängig seiner durch die

84

Werkzeuge der Erkenntnis bedingten Erscheinungsform

wahrzunehmen, dafür können wir, in das „innerste

Wesen" eines Objekts blicken.

Nosce te ipsum
Erkenne dich selbst

„Wenn Du Dein wahres inneres Wesen erkannt hast,

verstehst Du gleichzeitig das innerste Wesen aller

Objekte!!!"

Wie Sie sehen, ist es aufgrund der „Gesetzmäßigkeit"

zwischen Subjekt und Objekt niemals möglich, Objekte

in ihrer „waren Erscheinungsform",

das heißt als „Ding an sich" zu erkennen.

(Was aber auch nicht sonderlich tragisch ist, wie ich an anderer

Stelle noch erläutern werde.)

Viel aufregender und wichtiger ist es doch,

„den innersten Gehalt eines jeden Objekts" verstehen zu

können. Und diese Möglichkeit ist uns glücklicherweise als

Subjektes Wesen (Erkennendes Wesen) in einem

objektivierten Körper (Objekt unter Objekten) möglich.

Sie und ich können sozusagen in die tiefsten Tiefen unseres eigenen Kaninchenbaus blicken und somit auch gleichzeitig auf „das innerste Treiben" eines jeden anderen Subjekts sowie Objekts spekulieren.

Was genau dieses „innerste Wesen" in allem ist, was da ist, werden wir in einem späteren Kapitel noch ausführlich besprechen.

Zusammenfassung

- *Die Welt, so wie Sie und ich sie gewohnt sind, kann nur bestehen solange ein Subjekt, in unserem Fall der Mensch da ist, um sie als solches Wahrzunehmen.*

- *„Ohne Subjekt kann es kein Objekt geben."*

- *Wie ein Objekt einem Subjekt erscheint, hängt davon ab, auf welche Art und Weise das jeweilige Subjekt die Objekte wahrnehmen kann.*

- *„Das Subjekt Mensch" sowie alle anderen Lebewesen auf der Erde, nehmen ihre Umgebung anhand ihrer „Werkzeuge der Erkenntnis" in Verbindung mit dem jeweiligen Gehirn wahr.*

- Wie die Objekte **„unabhängig"** von einer Wahrnehmung des Subjekts beschaffen sind, kann nicht festgestellt werden.

- Der menschliche Körper ist nur ein weiteres Objekt unter anderen Objekten und daher auch **„den Gesetzen der Vorstellung"** unterlegen.

- Dadurch, dass der Mensch **„Subjekt und Objekt zugleich"** ist, kann er die **„innerste Beschaffenheit"** von sich selbst und somit auch allen anderen Objekten erfahren.

- Um das **„innerste Treiben"** eines jeden Seins erkennen zu können, muss man sein eigenes **„inneres Wesen"** erkannt haben.

- Die erkennbare Welt ist und bleibt zu jederzeit nicht mehr als **„bloße Vorstellung eines Subjekts"**.

- **Erst durch den Vorgang der „Beobachtung" eines Subjekts;** fängt die Welt wie wir sie kennen, in Form von **„neuronaler Aktivitäten"** im Gehirn, an zu entstehen.

Im nächsten Kapitel werden wir uns damit beschäftigen, aus was für Materialien die Materie überhaupt besteht, die wir rund um uns herum als Objekte wahrnehmen.

Zunächst möchte ich mich aber einmal bei Ihnen bedanken, dass Sie bis zu dieser Stelle weitergelesen haben.

Mir ist klar, dass dieses Thema nicht unbedingt für Jedermann sofort einleuchtend ist, oder es Ihnen schwer fällt diese neu erhaltenen Informationen mit ihrem bisherigen Weltbild in Einklang zu bringen.

Ich bin aber wirklich sehr stolz auf Sie, dass Sie den Mut für Neues aufgebracht haben und mir bis hier hin gefolgt sind.

Mir liegt es wirklich sehr am Herzen, Menschen auf ihrer „Sinnsuche" ein Stück begleiten zu können, um sie vielleicht ein wenig auf „den richtigen Pfad" führen zu können.

Dabei möchte ich keinem etwas aufzwingen, sondern nur „Anstöße" zum „selbstständigen" sowie „kritischem" Denken liefern.

In der Hoffnung, dass Sie weiterhin viel Spaß beim Lesen haben werden, widmen wir uns nun dem nächsten Kapitel.

Kapitel 4

Was ist Materie?

WAS IST MATERIE?

Dieses Kapitel möchte ich zunächst einmal mit einer Frage beginnen:

Woraus besteht ein Stück Holz?

Die Frage wird für manch einen bestimmt sinnlos erscheinen, denn woraus sollte Holz schon bestehen?
Holz besteht nun mal aus Holz, genauso wie Wasser aus Wasser und Luft aus Luft besteht.
Doch ganz so einfach ist es dann doch nicht!

Was also bleibt übrig, wenn wir ein Stück Holz oder anderweitige Materie, immer weiter in ihre „Bestandteile" zerlegen?

Würde selbst das aller kleinste Stückchen Holz immer noch aus Holz bestehen?
Oder bleibt zum Schluss etwas anderes übrig, woraus das Holz oder sonstiges letztendlich wirklich besteht?

Um diese Frage beantworten zu können, müssen wir uns in den Bereich der *Physik* begeben und uns mit etwas beschäftigen, was fast jedem von Ihnen, in irgendeiner Form bereits bekannt sein sollte…

...den „Atomen".

Was genau sind eigentlich diese Atome?

Und was haben diese mit der Materie zu tun, die wir um uns
herum wahrnehmen
und aus welcher, ein Jeder von uns selbst besteht?

*Der Begriff Atom stammt von dem griechischen Wort
átomos ab und bedeutet „das Unteilbare".*

Einer der ersten Menschen, die sich mit diesem Thema
befassten, war der Philosoph *„Demokrit" Geb. 460 v. Chr.,*
welcher folgende These aufstellte: *„Die Urgründe des
Alls sind die Atome und das Leere."*

*Er ging davon aus, dass alle Dinge eine **„Ansammlung"** von
Unsichtbaren, sowie **„unvergänglichen"** Atomen sind.*

*Diese stellte er sich wiederum als unteilbare Materieteilchen
vor, welche selbst die Seele bilden sollten.*

Das Universum ist laut Demokrit:
„Ein schein des ewigen Spiels
der Atome mit sich selbst".

*Nach seiner Vorstellung waren es stets die gleichen **Atome**, die dort mit sich selbst spielten. Denn er war davon überzeugt, dass es niemals **mehr** oder **weniger** von ihnen gab, sodass es immer die gleichen sind. Es ist lediglich deren „**Erscheinung"** die sich verändert.* Doch was sagt der heutige Stand der Wissenschaft zu diesem Thema? Ist es wirklich so, wie es Demokrit damals schon vermutet hatte? Oder war er doch noch nicht so weit, um das ganze Ausmaß der Wahrheit überblicken zu können?

Wir werden uns jetzt zunächst einmal mit dem Aufbau der Atome beschäftigen und uns Stück für Stück an das Geheimnis der Materie nähern.

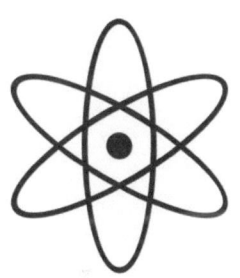

*Wegen ihrer sehr kleinen Größe, können Atome erst seit ein paar Jahrzehnten mit dem „**Rastertunnelmikroskop"** oder dem „**Feldionenmikroskop"** beobachtet werden.*

Atome bestehen aus einem „**Atomkern"**, sowie der „**Atomhülle"**. Im Atomkern befinden sich die „**positiv"** geladenen „**Protonen"** und die „**neutralen Neutronen"**.

Der „Atomkern" macht jedoch den „Hauptteil" der „Masse" eines Atoms aus.

Um den Atomkern herum befindet sich die sogenannte *„Atomhülle"*, in ihr bewegen sich die *„negativen Elektronen"* auf jeweils *bestimmten Bahnen* um den Atomkern herum.

Weil die Elektronen der Atomhülle und die Protonen des Atomkerns gegensätzlich geladen sind, ziehen sie sich gegenseitig an!

Damit die Elektronen nicht in den positiv geladenen Atomkern hineinstürzen, müssen sie sich in einer bestimmten Geschwindigkeit um den Atomkern herumbewegen!

Der verblüffendste Aspekt vom Atom ist aber wohl die Erkenntnis, dass sich rund 99,9% der gesamten Masse ausschließlich im „Zentrum des Atoms", also im jeweiligen Atomkern befinden.

Der restliche Anteil des Atoms besteht somit ausschließlich aus „leerem Raum".

Dies kann man sich anhand folgenden Beispiels, hoffe ich etwas einfacher vorstellen:

Beispiel:

*Wenn das Atom ein Fußballstadion wäre, würde ein **Reiskorn** auf dem Anstoßpunkt dem **Atomkern** und somit auch **99,9% seiner Masse** entsprechen. Die restlichen Anteile des Stadions, also alles was um das Reiskorn herum ist, würde bis auf ca. **0,1%** aus **„leerem Raum"** bestehen.*

Doch was genau hat das jetzt alles zu bedeuten???

*Wir wissen, dass Materie also auch wir selbst, aus Atomen bestehen. Genauer gesagt aus **„Molekülen".***

„Ein Molekül ist ein Verbund aus mindestens zwei Atomen."
Ein Mensch besteht natürlich aus wesentlich mehr als lediglich zwei Atomen.

*Bei einer Person mit **75Kg** Körpergewicht wären es*
ca. 7.000.000.000.000.000.000.000.000.000 Atome
[Das entspricht einer 7 mit 27 Nullen]

*Das sind zwar eine ganze Menge Atome, doch wenn wir bedenken, dass der **Masseanteil** eines Atoms sich zu „99,9%" ausschließlich im **Atomkern** befindet und der Atomkern wiederum, verglichen mit dem Rest des Atoms, **winzig klein** ist*

,fällt es wirklich sehr schwer, sich nicht sofort die Frage stellen zu müssen:

„Woraus verdammt nochmal bestehen wir und alles andere dann überhaupt?"

Und genau ab hier wird es schon etwas kniffeliger, denn rein objektiv betrachtet könnte man zunächst behaupten,
„dass jegliche Materie fast ausschließlich aus <u>leerem Raum</u> besteht".
Da ja die „Masse" eines Atoms sich in dessen „Kern" befindet und der Kern wiederum so unglaublich viel „kleiner" ist, als der Rest des Atoms.

Warum aber spüren wir dann einen gewissen Widerstand, wenn wir etwas berühren?

Dies liegt daran, weil zwar der Hauptteil eines Atoms keinerlei Masse hat, dafür aber ein
***„elektromagnetisches Feld"** erzeugt.*

*Elektromagnetische Felder setzen sich aus **„elektrischen"** und **„magnetischen Feldern"** zusammen, sie entstehen, wenn sich **„elektrische Ströme"** und **„Spannungen"** verändern.*
*Dadurch bildet sich eine **„elektromagnetische Welle"**, welche sich räumlich ausbreitet.*

Zudem wurde bis jetzt noch ein anderer wichtiger Faktor
außer Acht gelassen, nämlich die Tatsache, dass auch ein
Atom so wie alles andere auch,
„dem Gesetz der Vorstellung" unterlegen sein muss.

Dies bedeutet, dass wir ein Atom niemals so sehen
können wie es tatsächlich ist, sondern nur so, wie es uns
als Menschen möglich ist es als solches zu erkennen!

*Denn auch das Atom ist den **„Gesetzmäßigkeiten"***
*von **Subjekt** und **Objekt** unterlegen!*

Daher sehen wir es als solches nur so, wie es uns anhand unserer
„Werkzeuge der Erkenntnis"**, sowie der **„Interpretation"
*unseres **„Gehirns"** ermöglicht wird.*

Dies ist allerdings eine Wahrheit, die nicht unbedingt allen
„Wissenschaftlern" in den Kram passt.
Bzw. entweder sie wissen es gar nicht erst oder sie wissen es
schon, doch ignorieren diese Tatsache bewusst.

Es gibt allerdings auch Wissenschaftler, denen dies durchaus
bekannt ist, aber dann schließlich so argumentieren, dass sie
zumindest so tun müssten, als seien die Atome eine einheitliche
reale Sache.

Weil sie sonst keine „Arbeitsmaterialien" hätten!

- *Obwohl einst von Demokrit anders vermutet, sind die Atome doch noch weiter teilbar.*
- *Atome sind lediglich die kleinste Einheit, in die sich Materie, mit „chemischen" oder „mechanischen Mitteln" zerlegen lässt.*

Dennoch wurde gegen Ende des vergangenen Jahrhunderts deutlich, dass Atome auch wiederum nochmals aus kleineren Teilchen bestehen, den sogenannten „Elementarteilchen".

*Zudem besteht ja auch das Atom als solches schon aus **zwei** verschiedenen Bauteilen.*
*Zum einen, aus dem **Atomkern**, zum anderen aus der **Atomhülle**.*

Manchen von Ihnen ist das jetzt vielleicht viel zu kompliziert und Sie wollen einfach nur noch wissen, was dies alles zu bedeuten hat?

Kein Problem! Das kann ich durchaus nachvollziehen.
Fangen wir also an, das Thema etwas einfacher rüber zu bringen:

Alles was ist, egal ob Sie es wahrnehmen können oder aber auch nicht wahrnehmen können, besteht aus „Energie"! Und zwar aus Energie, welche stets einen gewissen „Informationsgehalt" beinhaltet.

Was ist also Materie?

„Materie ist = Energie + Informationen"

Diese Energie von der wir hier reden, ist alles was da ist. Sie wurde niemals erschaffen und kann nicht vernichtet werden.

„Sie wird also niemals mehr oder weniger werden können!"

*Dies kann durch das Gesetz von der sogenannten „**Massenerhaltung**" auch bewiesen werden.*

*Der französische Chemiker „**Antoine Laurent de Lavoisier**" bemerkte nämlich im 18. Jahrhundert glücklicherweise, dass bei chemischen Reaktionen, die in geschlossenen Apparaturen durchgeführt wurden, **keinerlei** Veränderungen der an der Reaktion beteiligten Massen zu beobachten waren.*

„Geschlossen mussten diese Apparaturen deswegen sein, damit keinerlei bei der jeweiligen Reaktion entstehenden Gase auf irgendeiner Art und Weise entweichen konnten."

Laut diesem „Massenerhaltungsgesetz" kann daher nichts verloren gehen.

Ein einfaches Beispiel hierzu wäre, ein Topf gefüllt mit Wasser, welches Sie zum Kochen bringen. Nach einer gewissen Zeit würde sich in dem Topf dann „weniger" Wasser befinden, als Sie zuvor hinein gegeben haben.

Was allerdings nur dadurch geschehen ist, weil sich ein gewisser Anteil des im Topf befindlichen Wassers, in Form von „Wasserdampf" <u>umgewandelt</u> hat.

Würden sie dasselbe Experiment in einer „geschlossenen Apparatur" wiederholen und somit den entweichenden Wasserdampf auffangen, „wäre die Menge wieder genau die Gleiche, wie vor dem Experiment."

„Ein gewisser Anteil des Wassers hatte sich also lediglich in eine andere Form <u>umgewandelt</u>!"

Können Sie sich noch an das erste Kapitel erinnern, als wir uns mit dem Urknall beschäftigt haben?
„Das gesamte heutige Universum war vor dem Urknall auf einen einzigen Punkt reinster Energie verdichtet."

Zu diesem Zeitpunkt war unser Universum auf die ungefähre
Größe eines Stecknadelkopfs komprimiert (verkleinert), die
Temperatur und Dichte müssen daher Unvorstellbar groß gewesen
sein.

Aus dieser verdichteten Energie heraus, hat sich alles
entwickelt was nun da ist, es war quasi schon alles „vor
dem Urknall" vorhanden, wie bei einem „Samen"
welcher schon alles beinhaltet, um aus sich heraus
einen Baum entstehen lassen zu können.
„Sie, ich, das Buch und alles andere, bestehen aus dieser
einen, schon immer da gewesenen und nie mehr oder
weniger gewordenen Energie!"

Dass dies wirklich so ist zeigt uns zudem der
„Energieerhaltungssatz",
mit diesem kann nämlich nachgewiesen werden, dass Energie
zwar in verschiedenste Formen „umgewandelt" werden kann, diese
dabei jedoch niemals „erzeugt" oder „vernichtet" wird.

Wie uns diese Energie allerdings erscheint, hängt von ihrem
*jeweiligen **„Informationsgehalt"** ab, und auf welche Weise wir*
diese beinhalteten Informationen, als erkennendes Subjekt
wahrnehmen können.

Sie dürfen niemals vergessen, dass die Welt nicht so ist wie sie Ihnen erscheint, sondern das dies allein „Ihre Vorstellung" von der Welt ist. „Dies bedeutet, dass alles was ist, nicht so ist, wie es für Sie vorkommen mag, sondern nur so, wie es für Sie als Mensch erscheinen kann."

„Das Gesetz der Vorstellung hat keinerlei Lücken und macht niemals ausnahmen."

„Dort wo ein erkennendes Lebewesen ist, wird auch stets das Gesetz der Vorstellung sein."

Zunächst können wir also einmal mit Recht folgendes behaupten:
Die Welt besteht aus „Energie"
und ist Ihre „Vorstellung"!

Wobei der Begriff von Energie, sowie Informationsgehalt der Energie, auch schon wieder nur eine Vorstellung ist;
„da ja die Dinge wie sie an für sich, das heißt, unabhängig einer Beobachtung sind, für uns unerreicht bleiben."

Eine Lösung für dieses Problem, habe ich jedoch schon im
dritten Kapitel angesprochen.

„Erkenne dich selbst."

Dies wird auch das Thema eines der nächsten Kapitel sein,
jedoch müssen wir uns zuvor erst einmal mit etwas anderem,
sehr wichtigem auseinandersetzen.

Nämlich damit, ob das eigene ICH und der freie Wille

wirklich existieren oder auch nur eine große

„Täuschung" sind.

Kapitel 5

Leben bedeutet erleben!

LEBEN BEDEUTET ERLEBEN!

In diesem Kapitel werden wir uns mit dem Thema des angeblich freien Willens beschäftigen. Zudem wird es darum gehen, warum wir andauernd diese Stimme in unserem Inneren wahrnehmen, welcher wir fast ununterbrochen ausgesetzt sind.

Zuvor aber möchte ich Sie darauf hinweisen, dass dies ein Thema sein könnte, welches nicht jedem von Ihnen zusagen wird. Da Sie es aber bis hierhin bereits geschafft haben Raum für Neues offen zu halten, bitte ich Sie auch jetzt mutig und ohne Vorbehalte weiter zu lesen.

Wie gesagt, ich möchte keinem von Ihnen etwas aufzwingen, sondern nur auf gewisse Sachen hinweisen, um Ihnen bei Ihrer Suche nach der Wahrheit, ein wenig zu helfen. Dass dies zum Teil ein erschreckender und vielleicht schmerzhafter Prozess ist, kann leider nicht bei Jedem vermieden werden. **„Ich hoffe daher auf Ihr Verständnis."**

Was besagt der freie Wille?

Er besagt, dass Lebewesen, besonders wir Menschen, die Möglichkeit haben zwischen verschieden Wahloptionen „frei und eigenständig" entscheiden zu können.

Als da wären z.B. die Entscheidung, welche Kleidung wir heute anziehen möchten oder was wir zum Frühstück essen, sowie trinken wollen z.B. Tee oder Kaffee.

Egal ob es unwichtige Entscheidungen sind, oder diejenigen welche wichtig für unsere gesamte weitere Zukunft sind. Zu keinem Zeitpunkt haben wir das Gefühl, als würde uns die Entscheidung zu dieser Wahl von jemand anderes vorgegeben werden als uns selbst.

Doch wer oder was sind „wir" überhaupt?

- **Sind wir das Gehirn?**
- **Sind wir diese Stimme in uns, die wir andauernd wahrnehmen?**
- **Oder sind wir vielleicht sogar etwas ganz anderes?**

Wer bin „ICH" überhaupt?
Wer oder was ist dieses „ICH"?

Sehr viele Fragen für etwas so unscheinbares, denn für die meisten Menschen ist die Antwort hierdrauf wohl glasklar.

„Ich bin halt ich, Herr oder Frau so und so."

Sie haben als Kind schon erklärt bekommen, dass sie z.B. der Dennis sind und der Name Dennis wird von dem jeweiligen Kind schließlich als seine eigene Identität abgespeichert und angenommen.

„Von da an fängt er oder sie an, den jeweiligen Namen mit dieser Stimme gleich zu setzten, die ein jeder von uns wahrnimmt und als sein eigenes ICH identifiziert."

Von Geburt an hat ein Mensch keinerlei Ahnung davon, wie er oder sie, als solches überhaupt funktioniert.

*Dies wird einem aber auch nicht gerade leicht gemacht, ohne passende **„Bedienungsanleitung".***

Dabei, ist es wirklich von enormer Bedeutung zu wissen, wie man als Mensch *funktioniert.*

Denn der gesamte Alltag, sowie der Umgang und das Verständnis für andere Lebewesen, kann durch das Verstehen von sich selbst enorm verbessert werden.

Wie funktioniert der Mensch?

„Das sogenannte ICH, was ein jeder von uns hat, ist ein Gesamtkunstwerk aus einem Zusammenspiel aller Gehirnbereiche."

„Das was wir also als einheitliches ich empfinden, ist in Wirklichkeit ein Prozess welcher, im gesamten Gehirn entsteht."

Doch sind wir überhaupt dieses „ICH" und somit „das Gehirn"?

<u>Ich sage Ihnen in voller Überzeugung „NEIN", das sind wir nicht.</u>

Warum dies nicht sein kann, werde ich Ihnen sehr gerne anhand mehrerer Beispiele erklären.
Fangen wir also an, Ihnen die Wahrheit etwas näher zu bringen.

Stellen Sie sich hierfür bitte zunächst einmal folgende Situation vor:

Es ist ein schöner Sonntagmorgen, Sie haben frei und nichts Konkretes für den Tag geplant. Daher haben Sie sich auch keinen Wecker gestellt. Sie liegen noch gemütlich in Ihrem Bett und schlafen tief und fest, nach einer gewissen Zeit fangen Sie langsam an wach zu werden. Einen besonderen Grund gibt es dafür nicht, Sie sind allein zuhause, es hat Sie niemand aus dem Bett geklingelt und Sie wurden auch nicht durch irgendein anderweitiges Geräusch geweckt.

Sie wurden einfach wach und dies ohne besonderen Grund, sowie ohne das Sie dies bewusst beabsichtig hätten.

Als Sie schließlich endgültig wach sind, bemerken Sie, dass Sie auf die Toilette müssen.

Auf dem Weg dorthin, kommt Ihnen plötzlich der Gedanke, dass Sie ja nun auch direkt duschen gehen könnten und anschließend erst einmal ausgiebig frühstücken wollen.

Als Sie schließlich fertig mit dem duschen sind und sich die Kleidung für den Tag rausgesucht und angezogen haben, beginnen Sie damit Ihr Sonntagsfrühstück zuzubereiten. Sie haben Orangensaft, verschiedene leckere Teesorten und natürlich Kaffee zur Auswahl.

Zunächst sind Sie sich nicht ganz sicher, was Sie denn davon zum Frühstück trinken möchten. Sie überlegen also eine Weile hin und her und plötzlich fällt der Entschluss, dass sie Lust auf einen Orangensaft haben.

Als nächstes kommt Ihnen der Gedanke in den Sinn, ob Sie sich Frühstückseier machen sollen, verlieren diesen aber schnell wieder als sie bemerken, dass Sie gar keine Eier mehr zuhause haben. Egal, halb so wild, denken Sie sich, dafür haben Sie zumindest verschiedene Brotsorten und zudem noch Brötchen zum aufbacken.

Sie entscheiden sich für die Brötchen und grübeln schon über den Belag, nachdem Sie diese in den Backofen geschoben haben.

Sie haben Honig, Nutella und verschiedene Wurst Beläge zur Auswahl, weil Sie aber die letzten Tage schon so viel Wurst zum Frühstück hatten und wiederum keine Lust auf Nutella haben, entscheiden Sie sich für den Honig.

Nachdem Sie Ihr Frühstück genossen haben, beschließen Sie, etwas Fernsehen zu schauen und stellen dabei fest, dass zur selben Zeit, auf verschiedenen Sendern etwas läuft, was Sie interessieren könnte, zum einen eine Komödie, eine Dokumentation sowie ein alter Westernfilm.

Die erste Zeit können Sie sich nicht so recht entscheiden und schalten zwischen diesen drei unterschiedlichen Unterhaltungsprogrammen hin und her. Als Sie merken, dass in der Filmkomödie einer Ihrer Lieblingsschauspieler mitspielt, beschließen Sie, dass Sie diesen Film weiter schauen möchten.

Später am Nachmittag bekommen Sie plötzlich Lust einen Kaffee zu trinken, kämpfen aber mit sich selbst, ob Sie denn nun welchen machen sollen oder nicht. Denn eigentlich haben Sie keine Lust, und für sie allein lohnt es sich auch nicht so recht, extra eine Kanne aufzuschütten. Außerdem kommt Ihnen der Gedanke, dass Sie sowieso zu viel Kaffee trinken.

Plötzlich klingelt es an der Haustüre, nachdem Sie diese geöffnet haben, steht ihre Mutter mit Kuchen vor Ihnen. Nach einer kurzen Begrüßung verschwinden Sie routiniert in die Küche und machen eine Kanne voll Kaffee.

Sollten Sie sich jetzt fragen, was ich mit dieser Geschichte bezwecken wollte, kann ich Sie gut verstehen, ich werde es Ihnen daher sofort erklären.

Es geht darum zu zeigen, dass ein Jeder von uns, weder diese Stimme im Kopf, noch das Gehirn ist.

Um Ihnen einen ersten kurzen Eindruck zu vermitteln, was ich damit meine, stelle ich Ihnen zunächst ein paar einfache Aufgaben, anschließend werden wir uns wieder mit dieser zuvor geschilderten Geschichte befassen.

Fangen wir an:

1. Entscheiden Sie sich bitte „ganz bewusst" für eine Zahl zwischen 1 und 100.
[Bei mir war es die Zahl 39]

2. Entscheiden Sie sich bitte „ganz bewusst" für einen Buchstaben aus dem Alphabet.

[Bei mir war es der Buchstabe K.]

3. Betrachten Sie bitte zunächst ihre Hände abwechselnd, anschließend entscheiden Sie sich bitte „ganz bewusst" für einen ihrer 10.Finger, den Sie senkrecht von oben nach unten einklappen.

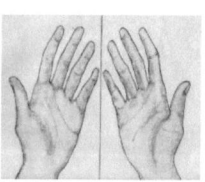

[Bei mir war es der linke Ringfinger.]

Das Interessante hierbei ist nun herauszufinden, ob Sie diese Aufgaben wirklich *„bewusst"* und mit *„freiem Willen"* bewältigen konnten.

Waren wirklich Sie es, der sich die Zahl zwischen 1 und 100 ausgesucht hat?

„Oder kam Ihnen nicht viel eher, einfach eine Zahl von jetzt auf gleich, aus dem Nichts heraus in den Sinn?"

Wer oder was hat denn hier nun wirklich diese Entscheidung getroffen?

Waren wirklich Sie es, der sich einen Buchstaben aus dem Alphabet ausgesucht hat?

112

„Oder kam Ihnen plötzlich einfach ein bestimmter Buchstabe von jetzt auf gleich in den Sinn?"

Wer oder was hat den nun hier wirklich entschieden?

Und wie sieht es mit dem Finger aus?
Waren wirklich Sie es, der sich ganz bewusst für einen der 10 Finger entschieden hat, den Sie einklappen sollten?

Ich kann Ihnen versichern, dass Sie bei <u>keinem</u> dieser Prozesse beteiligt waren.

Sie haben lediglich „erlebt", wie eine Entscheidung getroffen wurde, wirklich Einfluss darauf hatten Sie allerdings nicht.

Dadurch, dass Sie „erlebt" haben wie eine Entscheidung getroffen wurde, haben Sie das „illusionäre Gefühl", „Sie selbst" hätten diese Entscheidung getroffen!

Bevor wir nun noch tiefer in das Thema einsteigen, werden wir uns nochmals mit der zuvor geschilderten Situation befassen.

Es ist Sonntag, Sie sind allein und haben keinen Wecker gestellt, keinerlei Geräusche sind vorhanden, welche sie aus Ihrem schlaf hätten reißen können. Plötzlich fangen Sie an wach zu werden.
„Waren Sie es, der bewusst entschieden hat, wach zu werden?"

Auf dem Weg zur Toilette entsteht plötzlich der Gedanke, dass Sie ja nun auch direkt duschen gehen könnten.
Woher kommt der Gedanke, dass Sie duschen gehen wollen? „Haben Sie ihn bewusst gedacht oder ist er einfach entstanden?"

Als Sie fertig geduscht haben, beginnen Sie Ihre Kleidung für den Tag rauszusuchen und ziehen diese an.
Woher kam die Entscheidung, welche Kleidung Sie für diesen Tag anziehen möchten? „Waren Sie es, der dies bewusst entschieden hat oder war plötzlich einfach der Gedanke da, dies oder jenes anzuziehen?"

Sie beginnen damit ihr Sonntagsfrühstück zuzubereiten. Sie haben Orangensaft, verschiedene leckere Teesorten und natürlich Kaffee, zunächst sind Sie sich nicht ganz sicher, was Sie denn davon zum Frühstück trinken möchten. Sie überlegen also eine Weile hin und her und plötzlich fällt der Entschluss, dass sie Lust auf einen Orangensaft haben.

Woher kam der Entschluss den Orangensaft zu nehmen und nicht Tee oder Kaffee? „Hatten Sie wirklich Einfluss bei dieser Entscheidung"? Wer oder was hat da nun wirklich entschieden?

Plötzlich kommt Ihnen der Gedanke in den Sinn, dass Sie sich Frühstückseier machen wollen.

Woher kam der Gedanke?

„Waren wirklich Sie es, der dies bewusst gedacht hat"?

Sie haben die Wahl zwischen verschiedenen Brotsorten, oder aber wahlweise auch die Möglichkeit sich Brötchen im Backofen aufzubacken. Sie entscheiden sich für die Brötchen.

„Warum haben Sie sich für die Brötchen entschieden und nicht für das Brot"?

Woher kam diese Entscheidung?

Als Belag für die Brötchen haben Sie die Wahl zwischen Honig, Nutella und verschiedene Wurstsorten. Weil Sie aber die letzten Tage schon so viel Wurst zum Frühstück hatten und wiederum keine Lust auf Nutella haben, entscheiden Sie sich für den Honig.

Warum haben Sie weder Lust auf Wurst noch auf Nutella? „Waren wirklich Sie es, der sich ganz bewusst dafür entschieden hat, Appetit auf Honig zu haben"?

Nachdem Sie Ihr Frühstück genossen haben, beschließen Sie etwas Fernsehen zu schauen.

„Woher kam dieser Gedanke, dass Sie nun Fernsehen schauen wollen"?

Später am Nachmittag bekommen Sie plötzlich Lust einen Kaffee zu trinken, ringen aber mit sich selbst, ob Sie denn welchen machen sollen oder nicht.

Wer oder was, kann sich denn da nicht so recht entscheiden? „Woher kommt das Verlangen nach einem Kaffee überhaupt"?

Waren Sie es, der dies _bewusst_ gewollt hat? Oder kam Ihnen die Lust nach einem Kaffee, von jetzt auf gleich in den Sinn?

Stellen Sie sich des Weiteren einmal vor, dass Sie sich in einem Labyrinth befinden, in welchem Sie sich an einer Stelle befinden, wo Sie nur die Wahl zwischen Links oder Rechts haben. Nach einer Weile kommt der Entschluss, dass Sie nach rechts gehen möchten.

Waren wirklich Sie es, der dies bewusst entschieden hat? Oder war es nicht viel mehr so, das von jetzt auf gleich ein „Impuls" kam, nach rechts gehen zu wollen?

Schon Buddha sagte...

„Handlungen geschehen, aber es gibt keinen Handelnden."

Arthur Schopenhauer schrieb dazu einmal folgendes...

„Der Mensch kann zwar tun was er will, doch er kann nicht entscheiden was er will."

Auch die Hirnforscher belegten dies bereits, denn sie konnten in vielen Experimenten nachweisen, dass wir zwar in dem Moment, wo eine Handlung, Entscheidung oder sonstiges geschieht das Gefühl haben, diese selbst getroffen zu haben, das Gehirn jedoch „bis zu 10 Sekunden vorher" schon bestimmt hat, was als nächstes geschehen wird.

(Und dies geschieht ohne dass wir es bemerken könnten, geschweige denn Einfluss darauf haben.)

Dasselbe gilt für diese Stimme in Ihrem Kopf, also den Gedanken, welchen Sie permanent ausgesetzt sind und für Ihre eigenen halten.

„Sind wirklich Sie es, der da zu sich selbst spricht?"

Wo entstehen diese Gedanken die Sie hören, sind wirklich Sie es, der diese „bewusst" erzeugt hat?

117

„Nein sind Sie nicht!"

Sie sind lediglich der Teil, der dies alles „erlebt", nicht

mehr und auch nicht weniger, denn...

...„Leben bedeutet lediglich erleben"

Es ist so, als würden Sie sich eine DVD anschauen. Eine DVD

namens „Leben".

Sie glauben mir immer noch nicht?

Kein Problem, ich werde Ihnen nun eine kleine

„Meditationsübung" erklären, wo Sie diesen Prozess des

reinen Erlebens selbst erfahren können.

Meditationsübung

Suchen Sie sich zunächst einen ruhigen Ort, wo Sie sich

wohlfühlen und von niemandem gestört werden.

„Dieser Ort sollte zudem möglichst keinerlei

Störgeräuschen ausgesetzt sein."

- *Wahlweise können Sie **„Entspannungsmusik"** bei*
  dieser Übung benutzen.
- *Die Musik sollte jedoch **„ohne Gesang"** sein.*

- *Klassische Musik ist hierfür z.B. sehr gut geeignet.*

Legen oder setzen Sie sich nun „entspannt" hin und schließen Ihre Augen.
Beginnen Sie sich zunächst einmal voll auf Ihre „Atmung" zu konzentrieren,
dann heißt es abwarten und ganz wichtig „beobachten"!

Diese Übung dient als **„Achtsamkeitstraining".**
Sie sollen hierbei in aller Ruhe und Entspanntheit **„beobachten",** wie Gedanken entstehen, welche Gefühle sie mit sich bringen und wie sie schließlich wieder vergehen.

Zunächst wird es für Sie vielleicht ungewohnt oder schwierig sein die Rolle des **„reinen Beobachters"** einzunehmen.
Dies liegt aber allein daran, weil Sie es bis jetzt gewohnt waren zu glauben, dass dies Ihre Gedanken sind, welche Sie dort wahrnehmen!"

Sollten Sie einmal von einem Gedanken in seinen Bann gezogen werden, ist dies nicht sonderlich schlimm, zu Beginn kann das nämlich sehr oft vorkommen.

Sobald Sie dies bemerken, versuchen Sie sich zunächst einfach wieder auf ihren Atem zu konzentrieren und ihre „Rolle als Beobachter" wieder einzunehmen.

*Wenn Sie erst einmal erfahrener mit dieser Übung sind, wird es Ihnen immer leichter fallen festzustellen, dass nicht Sie es sind, der diese Gedanken denkt, sondern das diese Gedanken einfach entstehen und Sie diese lediglich **„erleben".***

„Wenn dies anders wäre, könnten Sie ja auch bewusst kontrollieren, was für Gedanken entstehen."

„Gedanken sind wie Seifenblasen, sie entstehen und ziehen langsam vorüber, manche bleiben länger manche zerplatzen wiederum ganz schnell und werden durch einen anderen Gedanken ersetzt."

„Im Grunde geht es darum, dass dem Gehirn bewusst wird, wie es selbst Funktioniert!"

*Bei negativen Gefühlen kann dies z.B. besonders nützlich sein, wenn Sie z.B. **„wütend"** werden ist das ein Prozess, der von Ihnen **„nicht gewollt"** hervorgerufen wurde, sondern er entsteht einfach.*

Erst ab dem Moment, wo Sie sich mit diesem Gefühl der Wut oder einem Gedanken „identifizieren", also daran glauben, dass Sie es sind, der grade diesen Gedanken hat oder wütend wird entsteht das tatsächliche Leiden.

Bei Wut ist es z.B. so, dass einem Teil des Gehirns etwas nicht in den Kram passt und es daher versucht allen anderen Bereichen diese Wut mit aufzuzwingen.

„Solange das Gehirn sich selbst nicht verstanden hat, wird es stets auf sich selbst hereinfallen."

Ab dem Moment, wo es jedoch begreift, dass es nur ein Bereich von vielen ist, welcher diese Wut erzeugt, wird es sich diesem nicht mehr hingeben.

„Die Wut wird zwar trotzdem entstehen und man spürt diese auch weiterhin noch, allerdings wird man aufhören, sich mit dieser Wut zu identifizieren."

Das Gehirn wird sich denken:
„Warum sollte ich wütend sein, nur weil einem Teil von mir etwas nicht in den Kram passt?"

Genauso ist es auch mit Gedanken und Handlungen:
„Sobald das Gehirn sich selbst verstanden hat und die Identifizierung mit diesen nicht mehr eingeht, hört das Leiden auf."

Hier ein kleines Beispiel für Sie, um das Ganze noch einmal zu verdeutlichen:

Stellen Sie sich einmal vor, dass Sie von einem Mann bzw. von einer Frau verfolgt werden, und dass er oder sie Ihnen folgendes permanent zuflüstert…

Was Sie denken sollen...

Was Sie tun sollen...

Wie Sie sich fühlen sollen...

Würden Sie darauf hören, was „diese Person" versucht Ihnen *„einzureden"?*

„Ich denke nicht!"

Stellen Sie sich des Weiteren einmal vor, dass Sie auf Ihrer Arbeitsstelle sind und das ein Kollege oder eine Kollegin von Ihnen, versucht ihren Frust wegen der Arbeit oder privaten Problemen auf Sie zu projizieren.

Würden Sie sich von dieser schlechten Laune anstecken lassen?

„Ich denke nicht!"

In beiden genannten Fällen würden Sie zwar das Gerede zur Kenntnis nehmen, aber nicht darauf eingehen, weil Sie sich nicht damit „identifizieren" würden.

Doch sich nicht ständig mit **„Gedanken", „Gefühlen"** und **„Handlungen"** zu **„identifizieren"** ist etwas, was jedes Gehirn erst einmal **„lernen und verstehen"** muss.

Sollte z.B. einmal das Gefühl der Wut in ihnen entstehen, muss sofort der kritische Gedanke folgen:

Bin wirklich „Ich" wütend oder „erlebe" ich nur das Gefühl der Wut?

Wenn Sie Gedanken erleben wie z.B. heute ist alles so stressig, ich wäre am besten im Bett geblieben…
…Muss sofort der kritische Gedanke folgen:

Bin wirklich „Ich" es, der dies denkt oder „erlebe" ich nur diese Gedanken?

Zur Erinnerung:

„Der Mensch kann tun was er will, aber nicht entscheiden was er will."

„Welche Handlungen überhaupt erst begangen werden,

hängt immer von den Impulsen ab, welchen wir

ausgesetzt sind."

*Wenn Sie z.B. überraschend Besuch bekommen und Derjenige Kuchen mitgebracht hat, **wird „der Impuls" zum Kaffee machen wohl wesentlich größer sein, als wenn er Pizza mitgebracht hätte.** Sollten Sie jedoch wissen, dass Derjenige überhaupt keinen Kaffee mag, **ist „der Impuls" vielleicht schwächer für sich alleine extra noch einen Kaffee zu machen.***

„Bewusstsein ist das, was wir wirklich sind!"

Das Bewusstsein hat seinen Ursprung jedoch nicht wie meistens vermutet Im Gehirn, sondern es ist lediglich mit diesem verbunden. Gehirne dienen dem Bewusstsein lediglich als eine Art

„Antenne / Werkzeug."

„Das Bewusstsein macht nichts anderes, als sich Sachen bewusst zu werden. Es erfährt sich in allen Dingen zugleich, da es mit diesen stets verbunden ist"

- *Bewusstsein wird sich den Dingen bewusst, die das Gehirn erschafft.*

124

- *Das Bewusstsein hat keinerlei Einfluss darauf, was das Gehirn erschafft.*

- *Bewusstsein ist stets „defensiver Natur", es ist und bleibt ein reiner „Beobachter".*

- *Es gibt zwar sehr viele unterschiedliche Gehirne, das beobachtende Bewusstsein ist jedoch immer ein und dasselbe.*

- **Allein einem Menschlichen Gehirn, zumindest auf Erden, ist es ermöglicht**

  sich selbst zu durschauen.

„Bewusstsein ist daher das, was wir in Wirklichkeit sind.

Kapitel 6

Der Motor der Welt ist Wille zum Sein!

DER MOTOR DER WELT IST WILLE ZUM SEIN!

Was ist der Sinn des Lebens?

Diese Frage ist wohl von allen Fragen die jemals gestellt
wurden, die am Bedeutsamste für uns Menschen.

*Genauso gut könnte man sich aber auch folgende Frage
stellen...*

....„Was ist der Sinn des Universums?"

**„Nun vielleicht ist es ja so, dass der Sinn des Universums,
das Leben im selbigen ist."**

*Warum aber haben wir dann noch keine weiteren Planeten
gefunden auf denen Leben existiert? Und weshalb gibt es dann
nicht nur solche Planeten auf denen Leben möglich ist?*

**Vielleicht liegt das Problem bei „der Sinnfrage" aber
auch darin, dass „wir Menschen" stets vermuten, dass
hinter allem ein tiefgrüner Plan stecken muss.**

**Die Erkenntnis, dass wir als „Spezies Mensch", alle
anderen Lebewesen und das gesamte Universum ohne
„tieferen Sinn" vorhanden sind und als solches reine**

„Zufallsprodukte", wäre wohl für die meisten von uns,

ein kaum ertragbarer und unvorstellbarer

Gedankengang.

Dieses Kapitel wird damit zu tun haben, genau diesen Fragen auf den Grund zu gehen. Vielleicht schaffen wir es ja gemeinsam dieses Thema zumindest einigermaßen befriedigend zu beenden.

Fangen wir an:

Wie bereits zuvor im **3. Kapitel** erwähnt wurde, ist es wichtig *„sich selbst zu erkennen",* um aus dieser Erkenntnis heraus schließlich auch „alles andere" erkennen zu können.

„Es ist ein großer Fehler, sich selbst als etwas zu

betrachten was nicht mit dem Universum

gleichzusetzen ist welcher häufig begangen wird!"

Wir untersuchen immer das gesamte Universum, meist

sogar sehr weit entfernte Objekte, anstatt das wir uns

auf uns selbst konzentrieren, um die Antworten zu

finden.

„Dabei wäre die Lösung selbst in einem einfachen Sandkorn schon zu finden."

Fassen wir zunächst noch einmal folgende Fakten zusammen:

- *Es kann nicht nichts geben, denn aus nichts wird niemals etwas entstehen können.*
- *Der Urknall war vor ca. 13,8 Milliarden Jahren.*
- *Vor dem Urknall war alles eine Einheit.*
- *Wie bei einem Samen, der schon alles beinhaltet um einem Baum entstehen zu lassen, war auch vor dem Urknall schon alles vorhanden, um das entstehen lassen zu können, was im Nachhinein auch entstanden ist und noch entstehen wird.*
- *Das Material was vor dem Urknall auf einem Punkt verdichtet war und von uns Menschen als Energie definiert wurde, ist das Selbige, aus dem auch jetzt noch alles besteht.*
- *Nur in der Welt der Vorstellung eines erkennenden Subjekts, existieren Verschiedenheiten und das Gefühl von Getrenntheit. In Wirklichkeit besteht alles aus demselben Urstoff, welcher vor dem Urknall schon vorhanden war und nie mehr oder weniger geworden sein kann.*

129

Als nächstes werden wir uns damit beschäftigen, was für unterschiedliche Typen von Erscheinungsformen auf der Erde, sowie im Universum entstanden sind und was für Eigenschaften diese beinhalten.

Auf der Erde existieren zurzeit vier unterschiedliche Typen von Erscheinungen:

1. *Anorganische Stoffe z.B. Mineralien.*
2. *Pflanzen jeglicher Art.*
3. *Tiere jeglicher Art.*
4. *Den Menschen.*

Im Universum sind es wiederum Hauptsächlich zwei:

1. *Sterne.*
2. *Planeten.*

Los geht's:

„Anorganische Stoffe"

Anorganische Stoffe wie z.B. Gestein wollen nur eins und zwar „da sein", also „existieren" und „beständig" bleiben um jeden Preis, es ist nicht so als wollten diese Stoffe „ein bestimmtes Ziel" damit erreichen, nein ihnen geht es allein darum, „überhaupt da zu sein".

„Die Pflanzen"

Pflanzen jeglicher Art wollen nicht mehr oder weniger als einfach nur „existieren". Ihnen geht es allein darum zu „wachsen", „sich zu zeigen", „ihre Art zu erhalten" und „beständig zu bleiben", also nicht „zerstört" zu werden.

„Die Tiere"

Das Leben eines jeden Tieres ist im Großen und Ganzen gesehen stets „identisch" mit dem Leben der anderen Tiere. „Sie wollen essen", „sie wollen trinken", „sie wollen sich fortpflanzen" und „sie wollen in Ruhe ihr Dasein leben", nicht mehr aber auch nicht weniger.

„Den Menschen"

Wir Menschen funktionieren so ähnlich wie die Tiere, Pflanzen und Mineralien. Nur mit dem Unterschied, dass wir als Mensch „eine fast unendliche Vermehrbarkeit unserer Bedürfnisse haben" und daher auch „viel mehr wollen" als ein jedes andere Tier oder eine Pflanze. Im Grunde ist es aber auch bei uns Menschen so, „dass wir Trinken und Essen benötigen", „uns fortpflanzen möchten" und „um jeden Preis leben wollen" und dieses Leben daher auch mit allen Mitteln beschützen, genauso wie es die Tiere und Pflanzen tun, wenn es ihnen denn möglich ist.

„Die Natur hat nur ein Ziel und dieser ist es, Leben zu erschaffen!"

Das Leben selbst wiederum versucht sich selbst und „die eigene Art" zu „erhalten", sowie den höchsten Grad an „Zufriedenheit" für sich zu erzeugen, egal auf welche Weise sich dieser ausdrücken vermag.

„Sterne"

Wie bei allem geht es auch bei den Sternen zunächst allein darum, dass sie überhaupt beginnen zu „entstehen" und dadurch eine „Existenz" bekommen. Sie selbst entstehen nicht weil „ein bewusster Plan" dahinter stecken würde, nein „es geht auch hier wie bei allem anderen allein darum, dass überhaupt etwas entsteht". Wenn die Sterne im Nachhinein noch für andere Dinge verantwortlich sind als „ihre reine Existenz", ist das ein Prozess der entstanden ist, weil er durch „Zufälle" so entstehen musste, nicht weil dies von Anfang an so geplant und gedacht war.

„Planeten"

Genauso wie bei den Sternen geht es bei den Planeten lediglich darum, „dass sie überhaupt entstehen / existieren", es ist ein „reiner Drang zum da sein", also „der Drang zur Existenz von etwas", welcher sie entstehen lässt. Wenn ein Planet entstanden ist, auf dem früher oder später einmal Leben möglich wird, war dies kein „bewusst gewollter Prozess", sondern allein „ein durch Zufall bedingtes Ereignis", sozusagen „ein rein zufälliger Nebenprozess".

„Die Welt wird von einer Kraft angetrieben der es allein darum geht, überhaupt zu existieren!"

*Es ist eine blind wirkende Kraft, ein „Drang" zur „selbst Erschaffung", ein **„Wille zu reiner Existenz"** der sich aber auch zu einem **„Willen zum Leben"** entwickeln kann, wenn dies die Umstände zulassen.*

Die Welt ist also abgesehen davon, dass sie „Vorstellung" ist, „Wille". Und weil die Vorstellung ohne den Willen überhaupt nicht möglich gewesen wäre, kann man mit Recht behaupten:

„Die Welt ist Wille und Vorstellung"

Dies ist auch der Buchtitel des Lebenswerks von

Arthur Schopenhauer.

Was ist der Wille?

- *Der Wille ist etwas völlig ursprüngliches, etwas nie entstandenes, eine schon immer da gewesene Kraft, die niemals entsteht oder vergeht.*

- *Der Wille ist ein Wille zur Existenz, das ewige aus sich selbst heraus entstehende Sein.*
- *Die Welt ist eine Kraft, welche abgesehen von ihrer Existenz, nicht weiß was sie überhaupt will.*
- *Die Welt ist die Objektivation des Willens.*
- *Die Welt der Vorstellung ist die Erkenntnis des Willens seiner selbst.*
- *Auch der eigene Körper sowie alle anderen Objekte, sind nur die sichtbare Objektivation des einen Willens.*

Ob Sie nun „Wille" sagen, „das Universum" oder „Gott", spielt hierbei keine Rolle. Es würde sich allein der Name eines einzelnen Begriffes verändern, aber nicht der Inhalt, welcher hinter diesem Begriff steckt.

*Wenn Sie also lieber sagen wollen, dass wir alle Gott bzw. das Universum in seiner **„objektivierten Form"** sind, ist das auch vollkommen in Ordnung.*

*„Der Begriff **des Willens**, ist allerdings am Vollkommensten um zu umschreiben, was für eine **Kraft** die Welt im Innersten ausmacht."*

- ***Die Welt ist ein „blinder Wille", welcher nur „sich selbst" und „sein Wohl" begehrt.***

134

- *Alles führt auf einen „Ur- oder Grundwollen"
  zurück, welcher sich selbst erschafft und der
  Grund alles sein ist.*

- *In der letzten Instanz gibt es kein anderes sein
  als „wollen", eben „ein Wille zum Dasein".*

- *Die Welt besteht aus der „Selbstobjektivierung"
  des absoluten. Es „wandelt" sich selbst in
  „Formen" um, damit es sich „objektivieren" und
  somit „darstellen" und „erfahren" kann.*

*„Alle die Gott suchen und sich nach ihm sehnen,
sind in Wirklichkeit nichts anderes als eben
dieser!"*

- *Der Wille muss als eine „Kraft" verstanden
  werden, welche schon immer vorhanden war
  und weder „erschaffen", noch „zerstört" werden
  kann.*

- *Diese Kraft ist es, welche auch „Gott", „Energie",
  „Universum" oder Sonstiges genannt wird.*

- *Diese Kraft ist es auch, welcher man die Schuld zusprechen könnte, dass es überhaupt etwas gibt und nicht viel mehr nichts.*

- *„Sie ist das, was schon immer da war", dass eine „Unerschaffene", dass was viele andere für ihren „Gott" halten.*

*Diese Kraft, **„der Wille"** darf jedoch auf keinen Fall **„personifiziert"** werden, man kann sie sich eher als eine im „blinden Wahn" „gefangene", „ziellose" sowie „planlose" „Macht" vorstellen, welche nichts anderes tut, als **<u>aus sich selbst heraus</u> „Objektivationen"** zu erschaffen.*

Egal ob es nun Sterne sind, Planeten, Monde, Pflanzen, Tiere oder den Menschen, dies sind alles nur

„Erschaffungen" und „vorübergehende Erscheinungen" des einen „Willens", welcher nach „Objektivation" und „Selbsterfahrung" strebt.

*Ganz egal ob es sich dabei um **Bakterien, Viren, Pilze, Unkraut, Blumen, Bäume, Tiere, Menschen, Planeten oder Sterne handelt,** welche seine vorübergehende Erscheinungsform sind.*

„Alle diese Dinge existieren nur weil der Wille nichts anderes macht als zu schaffen!"

Doch egal was alles von ihm erschaffen wird,

im Kern bleibt es immer die gleiche Kraft.

Die Kraft welche auch übrig bleibt, wenn man überlegt was denn

von einem Objekt unabhängig der Betrachtung eines Subjekts, also

unabhängig einer Vorstellung übrig bleibt.

Mit einem Wort: „Wille"

Ding an sich = Wille = Existenz = Vorstellung = Illusion

„Die Welt ist Wille und Vorstellung und somit die Täuschung

des Willens seiner Selbst."

Evolution und Zufall

„Der Zufall spielt eine entscheidende Rolle dabei, auf welche Art

und Weise der objektivierte Wille sich zeigt."

Um dies zu verdeutlichen, nehmen wir als Beispiel einmal

unseren Planeten Erde:

Viele gehen davon aus, dass die Erde ein „intelligent" geschaffener

Planet sein muss, weil so viele unterschiedliche Pflanzen und Tiere

auf ihr entstehen konnten.

Doch schon allein der Entstehungsprozess unseres

Planeten war rein von „zufälligen Ereignissen" bedingt,

so wie es auch bei allen anderen Planeten der Fall ist.

Leben entsteht stets dort, wo es entstehen kann und wenn Leben durch „die Umstände" ermöglicht wird, entsteht es so, wie es am „Sinnvollsten" erscheint.

Ein Beispiel hierzu:

Viele Tiere und auch Menschen ernähren sich von pflanzlichen Produkten, egal ob es z.B. Früchte, Gemüse oder Nüsse sind, jetzt könnte man ja davon ausgehen das dies so „vorhergeplant" war, also das heißt, dass diese pflanzlichen Produkte nur auf der Erde entstanden sind, um uns Menschen und den Tieren als Nahrung zu dienen.

Viel wahrscheinlicher ist es allerdings, dass die Tiere, also auch wir Menschen so entstanden sind, bzw. sich „entwickelt" haben, dass die auf der Erde „natürlich vorkommenden pflanzlichen Produkte" als „Nahrungsquelle" genutzt werden konnten.

„Es ist also nicht so, dass diese extra für die Tiere entstanden sind, sondern die Tiere haben sich so hin entwickelt, dass sie diese nutzen konnten."

„Eines bedingt also das andere und der Start dieser Prozesse wird durch zuvor zufällige Umstände bestimmt."

Wenn z.B. niemals so ein „Überschuss" an „pflanzlichen Nahrungsquellen" auf der Erde entstanden wäre, hätte es im Laufe der Zeit lediglich wesentlich mehr „fleischfressende Tiere" gegeben.

Diese hätten sich also dann einfach den „Gegebenheiten" ihrer Umgebung „angepasst".

Genau aus diesem Grund sind auch „Pflanzenfresser" entstanden,

nicht weil dies so geplant war, sondern weil zufällige Umstände diese Gegebenheit entstehen ließ und die Tiere diese Möglichkeit der „zusätzlichen Nahrungsquelle" ausgenutzt haben.

*Auch die **Evolution** hat natürlich enormen Einfluss darauf, in welcher Form sich der Wille **„objektiviert".***

Sie ist die „Absicherung" des Willens dafür, dass seine „Erscheinungen" auch weiterhin bestehen bleiben können, selbst wenn sich die „Lebensbedingungen" der einzelnen Individuen „verändert" haben.

Die Evolution ist somit ein:

„Anpassungswerkzeug des Willens",

damit er in seinen Erscheinungsformen so lange wie möglich weiter bestehen bleiben kann.

Ein bestimmtes Ziel wie vielleicht vermutet werden könnte, verfolgt die Evolution nicht!

„Evolution soll lediglich dafür sorgen, dass die Erscheinungen des Willens so lange wie möglich bestehen bleiben können."

Der Evolution gelingt dies dadurch, indem sie die einzelnen Individuen so „verändert", dass sie sich ihrer Umwelt nach Möglichkeit am „sinnvollsten" und „effektivsten" anpassen können.

Der bekannte Leitspruch der Evolution

„Survival of the Fittest"

Oft übersetzt durch:

„Überleben des Stärkeren"

wird meist falsch verstanden.

Es geht bei der Evolution nicht darum der „Stärkste" zu werden, sondern darum der „Anpassungsfähigste" zu sein!

Dies muss allerdings nicht zwingend mit der körperlichen Stärke zu tun haben. Andere Faktoren können hierbei auch eine wichtige Rolle spielen z.B.:

- *Die Intelligenz.*

- *Die Möglichkeit mit der Umgebung zu verschmelzen, also sich zu tarnen um somit von potentiellen Jägern nicht erkannt werden zu können.*

- *Auf was für ein Nahrungsangebot ein Tier zurückgreifen kann ist auch von enormer Bedeutung, denn ein „alles Esser" hat es einfacher Nahrung zu finden, als Tiere die nur auf einen kleinen Teil bestimmter Nahrungsmittel zurückgreifen können.*

- *Dann wäre da noch die Möglichkeit der Evolution Tiere so anzupassen, dass sie an den unmöglichsten Orten, also lebensfeindlichen Gebieten leben können, so dass sie möglichst wenige Feinde haben.*

- *Tiere wie z.B. Bienen und Ameisen sorgen wiederum in großen Verbänden wo jeder „für die Gemeinschaft" arbeitet dafür, dass ihre eigene Art erhalten bleibt.*

Lebewesen die sich letztendlich „zu spät" oder „falsch" angepasst haben sind die, welche früher oder später „aussterben" werden.

Man könnte den Evolutionsprozess auch so beschreiben, dass eben dieser dafür sorgt, dass alles in einem „ausgeglichenen Kräfteverhältnis" bleibt, damit kein Lebewesen die „Überhand" über alle anderen gewinnt.

Zudem sorgt die Evolution dafür, dass die Umwelt in einem „natürlichen Gleichgewicht" bleibt.

Lebewesen welche eben „diese Ordnung" gefährden, werden „ausgesondert" und sterben aus.

Ein einfaches Beispiel soll Ihnen dies etwas mehr verdeutlichen:

Stellen Sie sich hierfür ein Lebewesen vor, welches sich so gut entwickelt hat, dass es die „überhand" über alle anderen Lebewesen gewinnen konnte.

- *Dieses Tier könnte z.B. **„der perfekte Jäger"** sein, welcher allen anderen Lebewesen weit überlegen ist.*
- *Weil aber diese besagte Spezies so **„erfolgreich"** im Jagen ist, muss sie sich immer weiter auf der Erde **„ausbreiten"**, um immer mehr **„Jagdgebiete"** zu erobern.*

Irgendwann hat sich dieser Jäger so erfolgreich über die ganze Welt verbreitet, dass ihm kaum noch Beute zum Jagen bleibt, weil dieses Lebewesen allerdings „Fleisch" braucht um zu überleben, bleibt ihm nichts anderes übrig als nun „seine eigene Art" als „potentielle Nahrungsquelle" anzusehen.

Am Ende bleibt nichts mehr übrig, was er denn jagen könnte und mit dem Sterben des Letzten seiner Art, hat die Natur sich dieses Problem letztendlich „vom Halse geschafft" und der Prozess der Entstehung von Leben kann aufatmen und somit von neuem beginnen.

„Dem Menschen wird es irgendwann einmal auch so ergehen, wenn er denn seine Denkweise nicht bis dahin radikal geändert hat."

Denn wir sind es, welche „die Harmonie der natürlich Ordnung" aus den Fugen geraten lassen.

- *Der Mensch ist sehr „intelligent", nutzt diese aber vollkommen falsch!*
- *Der Mensch ist der „perfekte Jäger".*
- *Der Mensch ist ein „alles Esser"*
- *Der Mensch ist sehr „anpassungsfähig".*

- Der Mensch kann in „Gruppenverbänden" arbeiten.

„Der Mensch ist somit also das Schlimmste, was die Evolution jemals hervorbringen konnte. Doch die Fehler, welche von der Evolution leider gemacht werden können, lösen sich auch wieder von alleine, dies ist stets nur eine Frage der Zeit."

Das Prinzip der Harmonie

Obwohl der Wille ein rein blinder und zielloser Drang zur Existenz von etwas ist und seine Objektivationen von zufälligen Ereignissen und Umständen bestimmt werden, liegt hinter allem was  durch ihn entsteht, eine gewisser Grad an „Harmonie und Ordnung". Hauptsächlich kann man dies an den

 „Erscheinungsformen der objektivierten Dinge" erkennen, wo eben diese „harmonische Ordnung" erkannt werden kann.

„Die natürliche harmonische Ordnung der Dinge könnte man daher als ein weiteres Naturgesetz betrachten."

Gemeint sind damit z.B. „Muster und Formen", die in der Natur klar erkennbar sind, wenn man den vermag genauer hinzuschauen. Zudem ist es so, dass jedes Sein welches entsteht, nach einem „harmonischen Zustand" strebt. Dies bedeutet, dass alles versucht sich in einem „optimalen Zustand der Harmonie" zu befinden, egal ob Pflanzen ,Tiere oder der Mensch, alles versucht einen ausgeglichenen Zustand zu erreichen und diesen bei zu behalten.

„Alles was ist, versucht stets negatives zu
vermeiden und positives zu erlangen."

Beim Tier ist dies recht einfach zu erreichen… Futter und Wasser, sowie eine sichere Umgebung reicht den meisten Tieren um diesen harmonischen Zustand zu erlangen.

„Beim Menschen sieht dies natürlich anders aus, da er wesentlich mehr Begierden hat und zudem unersättlich dabei ist."

Ein weiteres Problem liegt darin, dass sich die verschiedensten Erscheinungsformen des Willens, bei ihrem von Beginn an angestrebtem Ziel des „harmonischen Zustands" stets in die Quere kommen.

„Jedes Lebewesen kümmert sich meist nur um sich selbst, obwohl es da verblüffender weise auch Ausnahmen gibt.„

„Bestimmte Menschen z.B. gelangen in diesen Zustand der Harmonie, indem sie sich aufopferungsvoll um Andere kümmern und das eigene Wohl völlig beiseiteschieben."

Im Großen und Ganzen betrachtet, ist der Wille jedoch zumindest auf der Erde in einem „Dilemma". Nahrungsquellen und Lebensräume sind stets „begrenzt" und durch die Welt der Vorstellung entsteht stets das „illusionäre Gefühl" des getrennt seins von den anderen Dingen,

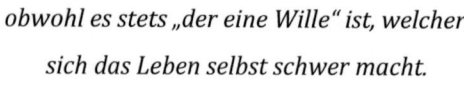

obwohl es stets „der eine Wille" ist, welcher sich das Leben selbst schwer macht.

„In seinem blinden Wahn gefangen, rammt er die Zähne in sein eigenes Fleisch und quält andere Erscheinungsformen seiner selbst, nur um diesen harmonischen Zustand beizubehalten."

„Damit also eine Erscheinungsform den Zustand der Harmonie erreichen kann, muss meist eine andere leiden."

„Bei den Tieren ist es so, dass dies meist nur dann geschieht, wenn Eines das Andere tötet um es zu verzehren."

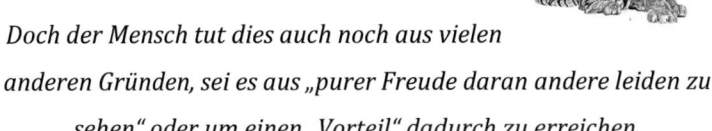

Doch der Mensch tut dies auch noch aus vielen anderen Gründen, sei es aus „purer Freude daran andere leiden zu sehen" oder um einen „Vorteil" dadurch zu erreichen.

„An Kreativität mangelt es uns da sicherlich nicht, um eben diesen erstrebten Zustand der Selbstzufriedenheit zu erreichen."

„Das ganze Leben befindet sich also in einem ständigen „Widerspruch" mit sich selbst und ist daher etwas, was besser gar nicht erst sein sollte."

Doch jetzt, da es nun mal so ist wie es ist, sollten wir lernen dies zu durchschauen und unser eigenes Wesen zu erkennen.

Es sollte auch für uns Menschen ohne weiteres möglich sein, einem anderen Lebewesen nur dann zu schaden,

um es als Nahrung zu „verzehren" oder um das eigene

Leben zu „verteidigen".

Genauso wie es auch die Tiere tun!

Ansonsten könnten wir Menschen, wenn wir es denn wollten, in

einem **harmonischen Zustand** mit allem Anderem gelangen,

indem wir **Glückseligkeit und Freude** verbreiten,

freundlich, hilfsbereit und dankbar sind sowie lernen,

den Wahn des Egoismus und Eigennutz

zu verbannen.

Der Glaube an Gott

Sollten Sie nach diesen erhaltenden Informationen immer noch das Bedürfnis verspüren lieber an Gott zu glauben, ist dies natürlich kein Problem, allerdings kann ich Ihnen hierzu ein paar neue Denkanstöße liefern, was das Thema „Gott" betrifft.

Sicherlich werden Ihnen hierbei ein paar Parallelen zu dem besagten „Willen" auffallen. Letztendlich sollte es also egal sein, wie man es benennt, man sollte lediglich dem jeweiligen Begriff die möglichst logischste und sinnvollste Definition zuordnen.

„Das Gott kein gigantischer alter Mann mit langem Bart

sein kann, welcher da im Hintergrund die Fäden zieht,

dürfte ja wohl jedem klar geworden sein."

Fangen wir also an, uns ein wenig mit ihm zu

beschäftigen...

„Der Glaube an Gott sollte nicht etwas sein was belächelt wird, es

lohnt sich aber auch ganz sicher nicht in dessen Namen Kriege zu

führen!"

Um zu verstehen wer oder was Gott wirklich ist, müssen wir

uns zunächst einmal die

„ausweglose Situation" anschauen in welcher er *„für immer"*

gefangen sein wird.

Wenn Gott schon immer da war und er das eine einzige,

nie erschaffende vollkommende Wesen ist, hat er ein

ganz schönes Problem am Hals denn...

...was sollte ein vollkommendes Wesen tun, wenn außer

ihm selbst überhaupt nichts Weiteres existiert?

„Gott ist vollkommen alleine, denn außer ihm existiert

ja nichts Weiteres."

- *Außer Gott existiert überhaupt nichts und könnte auch nie etwas existieren.*
- *Außer ihm selbst ist Garnichts weitere vorhanden woraus etwas anderes entstehen könnte.*
- *So kann alles was schließlich entsteht, immer nur Gott sein.*
- *Denn er ist ja das, was stets alles erschafft, aber von keinem erschaffen wurde.*

„Was würden Sie als vollkommendes Wesen tun, wenn es außer Ihnen selbst nichts Weiteres gibt?"

Wirklich viele Möglichkeiten wird Gott da wohl nicht gehabt haben...

Theorie Nr.1

Alles ist „der Traum Gottes"

Jedes Mal wenn ein Universum entsteht, ist Gott am Träumen und in seinem Traum fängt eine Welt an sich selbst zu erschaffen, eine Welt in welcher er sich schließlich in den unterschiedlichsten Rollen und Erscheinungen selbst erlebt. Wenn dann ein Universum wieder vergeht, beginnt Gott zurück in seine wache Phase zu wechseln bis zu dem Moment, wo er sich schließlich wieder in den

Schlaf begibt und erneut eine Welt in seinem innersten zu

entstehen beginnt.

Theorie Nr. 2

Gott ist ein „verlorener Schatz",

welcher sich danach sehnte erkannt zu werden, deshalb erschuf er

die Geschöpfe um in ihnen

„Gegenstand seines eigenen Wissens" *zu werden, das Begehren*

*von Gott erkannt zu werden, sich selbst zu **„erfahren"** und zu*

„erleben" *ist der Grund, weshalb er aus sich selbst heraus stets*

eine Welt erschafft.

„Die Welt ist die Selbsterkenntnis Gottes!"

„Das absolute Eine erscheint und erlebt sich selbst in den

unterschiedlichsten Formen und kann durch die Augen seiner

eigenen Erscheinungen die Welt stets wie ein Spiegelbild seiner

selbst betrachten."

„Die illusorische Verschiedenheit der Welt, ist in Wirklichkeit eine verborgene göttliche Einheit."

„Gott hatte die Sehnsucht, er wolle in dem er zum Vielen werde sich

selbst erscheinen lassen, von der Vollkommenden Einheit herüber

in die Mannigfaltigkeit."

„Es gibt in Wirklichkeit nur eine einzige identische Substanz, welche sich ewig in den Formen der Mannigfaltigkeit zeigt."

„Das Leben ist der Spiegel Gottes!"

Der Fall in „die Illusion des Ichs" ist die „Erbsünde", welche durch „die Auflösung der Einheit Gottes" in die „Mannigfaltigkeit" entstanden ist.

„Der Wandel von der Einheit Gottes in das Viele, liegt an einem Ur- und Grundwollen, sich selbst zu gebären."

„Dies ist Gottes Drang zur Selbstoffenbarung, in welcher er sich selbst erlebt als Wille und Vorstellung."

„Ein Eisberg im Wasser würde wenn er denn könnte, sich auch als etwas Getrenntes erleben, bis zu dem Moment, wo er zu schmelzen beginnt und dabei bemerkt, dass er schon immer dasselbe war, wie seine Umgebung lediglich in einer anderen Objektivation."

„Die Existenz Gottes ist wie ein Ozean, in dem sich jeder Wassertropfen getrennt von den anderen wahrnimmt, obwohl sie letztendlich alle das Gleiche sind."

„Wie bei einem Baum, an dem jeder Ast und jedes Blatt

sich als getrennt von den anderen erlebt, obwohl es

doch letztendlich alles Eins ist."

„Das eine göttliche Wesen hat begonnen ein Spiel mit sich

selbst zu spielen."

- *Durch das auflösen seiner vollkommenden Einheit,*
  ist eine Welt der Mannigfaltigkeit entstanden in
  welcher Wille und Vorstellung herrschen.
- *Gott spielt dieses Versteckspiel allerdings so gut, dass*
  er seine eigene Einheit und Vollkommenheit nicht
  mehr erfassen kann.
- *Das Vollkommende geteilt in den unterschiedlichsten*
  Erscheinungsformen versucht deshalb auch stets in
  den Zustand von Harmonie und Vervollkommnung
  zurückzukehren.
- *Alles strebt zurück nach eben diesem Zustand der*
  Harmonie.
- *Solange jedoch die eigentliche Einheit von den*
  einzelnen Erscheinungen Gottes nicht erkannt wird,
  können immer nur sehr wenige, meist auf Kosten der
  Anderen diesen Zustand erreichen und dies zudem in
  der Regel nur für kurzfristige Zeiträume.

„Rein theoretisch gesehen müsste der Mensch optimal dafür geeignet sein, um genau diese Einheit zu erkennen und demensprechend zu leben, doch viele Faktoren erschweren es dem größten Teil von uns, eben genau dies zu begreifen."

Kapitel 7

Der Mensch

DER MENSCH

Der Mensch ist zu aller erst einmal, wie auch alle anderen *ca. 8 Millionen* auf der Erde existierenden Tierarten, *„ein durch die Evolution entstandenes Individuum"*, welches ursprünglich vor *ca.* *„200.000" Jahren* das erste Mal auf der Erde entstanden ist.

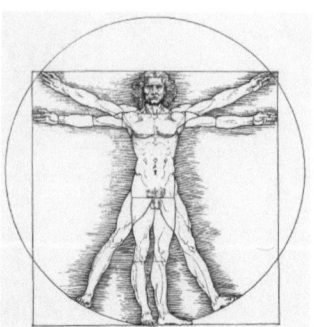

„Homo sapiens" lautet die wissenschaftliche Bezeichnung für den Menschen, was übersetzt so viel wie *„Der weise Mensch"* bedeutet.

7,2 Milliarden gibt es mittlerweile schätzungsweise von unserer Art *[Stand: Dezember 2014]*.

Phylogenetisch *(stammesgeschichtlich)* betrachtet gehört der *Homo sapiens,* also wir Menschen, zu den *„großen afrikanischen Menschenaffen".*

Der *„Homo sapiens"* hat als einziger die *ca. 7 Millionen Jahre* währende und vielgestaltige Evolution der *„Hominini"* überlebt und ist nun der einzig Lebend verbliebene aus diesem Stamm.

Info: „Hominini"

„Hominini" umfasst alle Mitglieder der Gattung „Homo" und deren
ausgestorbenen Verwandten, welche dem Menschen näher stehen
als den Schimpansen.
„Schimpansen und Gorillas, sowie deren Vorfahren
zählen nicht dazu."

Unser ältester Vorfahre könnte die ausgestorbene
Menschenaffenart **„Sahelanthropus tchadensis"** gewesen sein,
welche vor **ca. 6 - 7 Millionen Jahren** auf der Erde gelebt hat.
Fundort der Knochen: „Tschad" (Zentralafrika)

DER „SAHELANTHROPUS TCHADENSIS" *könnte das bisher*
älteste entdeckte Glied des menschlichen Stammbaums sein.

- *Das Gehirnvolumen des* **„Sahelanthropus tchadensis"**
  betrug ca. **320 bis 370 cm³** *(Kubikzentimetern), was*
  unterhalb des später entstandenen **„Australopithecinen"**
  liegt.

- *Sein Gehirnvolumen entsprach wohl eher dem eines heute*
  lebenden **„Schimpansen".**

- *Merkmale die daraufhin deuten, dass er tatsächlich der*
  bisher älteste entdeckte Vorfahre des heutigen Menschen

ist, wären zum einen die reduzierte Größe seiner Eckzähne, welche dem der Vormenschen schon sehr nahe kommen, sowie die unmittelbar daran anschließenden Backenzähne.

- *Zudem ist die untere Hälfte des Gesichtes menschenähnlich aufgebaut wie man an der flachen Ausprägung der Gesichtsknochen erkennen kann.*

- *Einige Forscher deuten die Position des **„Foramen magnum"** als Beweis dafür, dass er bereits aufrecht gehen konnte.*

Info:

*Das **„Foramen magnum"** ist die Durchtrittsstelle für das **„zentrale Nervensystem"**, je mittiger es unterhalb des Schädels positioniert ist, desto wahrscheinlicher ist die **„aufrechte Körperhaltung"** des jeweiligen Lebewesens.*

- *Den Funden zufolge, lebte **„Sahelanthropus tchadensis"** in einer bewaldeten Landschaft, welche der unmittelbaren Umgebung des heutigen Tschadsees ähnlich gewesen sein könnte.*

Eventuelle weitere Vorfahren des „Homo sapiens" sind...

Name: „Orrorin tugenensis"

Alter: ca. 6 Millionen Jahre

Status: ausgestorbener Menschenaffe

Fundort der Knochen: „Kenia" (Ostafrika)

DER „ORRORIN TUGENENSIS" könnte ein Nachkomme des „**Sahelanthropus tchadensis**" gewesen sein.

* Dass er bereits aufrecht ging, konnte im Jahre 2008 aus dem Aufbau seiner Oberschenkelknochen sicher bestätigt werden.

* Der Aufbau des besagten Knochens ähnelte am ehesten dem Oberschenkelknochen von „**Australopithecus**" zudem ergaben weitere Analysen, dass die Biomechanik seiner Hüfte auch jener der „**Australopithecinen**" ähnlich sei.

* Weitere Funde an gleicher Stelle von diversen Tier- sowie Pflanzenarten, lassen den Schluss zu, dass er einem Lebensraum entstammte, wo sich Waldstücke, feuchte Graslandschaften und Seeufer abwechselten.

Name: „Ardipithecus kadabba"

Alter: ca. 5,5 Millionen Jahre

Status: *ausgestorbener Menschenaffe*
Fundort der Knochen: *„Äthiopien" (Nord-Ost Afrika)*

DER *„ARDIPITHECUS KADABBA"* ist zweifellos in die Abstammungslinie des Menschen einzuordnen.

- Dass er aufrecht ging konnte ein Knochen des Mittelfußes belegen, da dieser eine ganz bestimmte, für Zweibeiner typische Form aufweist.

- Seine Körpergröße dürfte ungefähr der eines heutigen „Schimpansen" entsprochen haben.

- Weitere Untersuchungen des Fundgebietes scheinen zu belegen, dass der *„Ardipithecus kadabba"* in einer Feuchtwaldumgebung lebte.

- Auch diese ca. 5,5 Millionen Jahre alten Knochen bestätigen die Theorie, dass die Entstehung des Menschen in *„Afrika"* begonnen haben muss.

- Dadurch dass *„Ardipithecus kadabba"* Ähnlichkeit mit den Gattungen *„Sahelanthropus tchadensis"* sowie *„Orrorin tugenensis"* hatte, könnte er von ihnen abstammen.

Name: „Ardipithecus ramidus"

Alter: ca. 4,4 Millionen Jahre

Status: ausgestorbener Menschenaffe

Fundort der Knochen: „Aramis" (Äthiopien)

DAS „ARDIPITHECUS RAMIDUS" aufrecht gehen konnte ging aus der Form seiner Zehen hervor.

- Dadurch dass vom **„Ardipithecus ramidus"** zudem Teile des Kopfes, Hände, Füße sowie des Beckens erhalten geblieben sind, gilt dies seid der 2009 veröffentlichten Studie auch als sicher belegt.

- Es konnte eine bereits einsetzende „Reduzierung" der „Eckzahngröße" erkannt werden.

- Forscher können aus dieser Veränderung Rückschlüsse auf dessen Sozialverhalten erkennen, die ansonsten dolchartigen Eckzähne des Oberkiefers dienen bei den heute lebenden Affen nämlich als „Waffe", die bei Rangordnungskämpfen innerhalb der eigenen Gruppe und bei Kämpfen mit Individuen anderer Gruppen benutzt werden.

- Die Veränderung der Eckzähne lässt daher erkennen, dass sich das „Sozialverhalten", insbesondere das „Imponierverhalten", verändert hat.

- Durch die Entdeckung eines besonders vollständigen weiblichen Skeletts im Jahre 1994 konnte zudem ein Körpergewicht von ca. 50 kg und eine Körpergröße von ca. 120 cm zugeordnet werden.

- Die Analyse dieser Knochenfunde ergab, dass die männlichen und weiblichen **„Ardipithecus ramidus"** einander wesentlich stärker ähnelten, als man dies von den späteren **„Australopithecus-Arten"** kennt.

- Weitere Funde zeigten zudem, dass sein Lebensraum eine abwechslungsreiche Landschaft aus Wäldern, Gebüschen, Feuchtgebieten und savannenähnlichen Bereichen gewesen sein muss.

- Aus der äußerlich erkennbaren Beschaffenheit seiner Zähne, sowie aus der Dichte ihres Zahnschmelzes konnte abgeleitet werden, dass **„Ardipithecus ramidus"** sehr wahrscheinlich als „Allesfresser" zugeordnet werden kann.

- *„Sahelanthropus tchadensis"* sowie *„Orrorin tugenensis"* könnten auch hier wieder die Vorfahren dieser Spezies gewesen sein.

Name: *„Australopithecus anamensis"*
Alter: *ca. 4,1 Millionen Jahre*
Status: *ausgestorbener Menschenaffe*
Fundort der Knochen: *„Kanapol" (Kenia)*

DER *„AUSTRALOPITHECUS ANAMENSIS"* ist eine ausgestorbene Art der Gattung *„Australopithecus"*, wobei er die älteste Art der *„Australopithecinen"* zu sein scheint.

- Sein Vorfahre dürfte wohl *„Ardipithecus ramidus"* gewesen sein.

- Dass er aufrecht ging konnte zweifellos durch sein *„Schienbein"* erkannt werden, da die Bereiche, auf deren bei der zweibeinigen Fortbewegung große Kräfte wirken verdickt waren.

- Zudem zeigt die Gelenkfläche, die das Schienbein mit dem Sprungbein verbindet nach *„unten"* anstatt nach vorne, wie bei vierbeinigen Menschenaffen.

- Sein Schädel ähnelt am ehesten dem eines „Schimpansen".

- Die Zahnreihen in Unterkiefer sowie Oberkiefer stehen fast „parallel" zueinander, zudem stehen seine großen Eckzähne „schräg zur Kaufläche", und auch die Backenzähne sind recht groß, was auf den Verzehr „grober pflanzlicher Nahrung" erkennen lässt.

- Im gesamten betrachtet scheint das Gebiss von **„Australopithecus anamensis"** für einen **„Hominini"** sehr „primitiv" gewesen zu sein.

- Ähnlich wie beim sehr viel älteren **„Sahelanthropus tchadensis"** zeigten Begleitfunde, dass der Lebensraum von **„Australopithecus anamensis"** aus Wäldern und Savannen bestanden haben muss.

Name: „Australopithecus afarensis"
Alter: ca. 3,8 Millionen Jahre – 2,9 Millionen Jahre
Status: ausgestorbener Menschenaffe
Fundort der Knochen: „Äthiopien"

„AUSTRALOPITHECUS AFARENSIS" war ca. 30 - 50 kg schwer und erreichte eine Körpergröße von ca. 1,10m – 1,50m.

164

- *Die Gehirngröße entsprach ungefähr der von heutigen „Schimpansen", die Backenzähne sind jedoch deutlich größer als die von Schimpansen ähnlicher Statur.*

- *__„Australopithecus afarensis"__ war dadurch wohl auf die Zerkleinerung „grober Pflanzen" spezialisiert, solche wie man sie an den tropischen Regenwald anschließenden Savannengebieten finden kann.*

- *Aus der Anatomie der gefundenen Schulterblätter sowie Arme konnte man Rückschlüsse auf eine noch vorhandene Fähigkeit zum Klettern in Bäumen erkennen. Die Fingerknochen waren stärker gebogen als die vom heutigen Menschen.*

- *Größtenteils dürfte __„Australopithecus afarensis"__ jedoch „aufrecht" gegangen sein, was durch ein gefundenes Kniegelenk, Oberschenkelknochen, Schienbein sowie entdeckter Fußabdrücke auch bestätigt werden konnte.*

- *Dadurch, dass diese versteinerten Fußspuren ein Abdruckprofil konserviert hatten, welches weitgehend dem der modernen Menschen gleicht, konnte festgestellt werden, dass __„Australopithecus afarensis"__ hinsichtlich seiner „Bewegungsabläufe" und der „Energieeffizienz" schon nahe dem eines menschenähnlichen aufrechten Ganges entsprach.*

- *Zudem wurden weitere gefundene Handgelenksknochen dieser Art als sehr „menschenähnlich" eingestuft, auffällig ist hierbei besonders das Fehlen jeglicher Anpassung an den „Knöchelgang", wie ihn z.B. Gorillas und Schimpansen noch haben.*

- *Die Anatomie der Handwurzelknochen deutet auf eine bereits „erhöhte Beweglichkeit" der Finger sowie des Handgelenks hin.*

- *Der Lebensraum von **„Australopithecus afarensis"** scheint ein Mix aus Savanne und Waldland gewesen zu sein.*

- *Die bevorzugte Nahrung dürfte relativ unspezialisiert gewesen sein. Früchte, Beeren, Nüsse, Samen, Knospen sowie verschiedene Pilze standen zur Auswahl, zudem konnten Wurzeln und Knollen ausgegraben werden. Im Wasser und am Boden lebende kleinere Lebewesen wurden vermutlich auch nicht außer Acht gelassen.*

- *Es kann vermutet werden, dass diese Art aus **„Australopithecus anamensis"** hervorgegangen ist.*

Name: „Kenyanthropus platyops"

Alter: ca. 3,5 – 3,2 Millionen Jahre

Status: ausgestorbener Menschenaffe

Fundort der Knochen: „Turkana-See" (Kenia)

DER „KENYANTHROPUS PLATYOPS" weist verschiedene Merkmale auf, die zwar alle einzeln bekannt sind, aber von verschiedenen Arten abstammen.

- Die kleine Ohröffnung ist z.B. dem **„Australopithecus anamensis"** ähnlich, ebenso die Backenzähne sowie das kleine Gehirn.

- Die Nasenform ähnelt der, die auch der **„Australopithecus afarensis"** aufweist.

- Der Schädel weist allerdings auch Merkmale auf, die ihn vom **„Australopithecus anamensis"** und **„Australopithecus afarensis"** unterscheiden wie z.B. die Wurzel des Wangenbeins.

- Einige Ähnlichkeiten weist er dagegen mit dem **„Homo rudolfensis"** auf, welcher allerdings erst ca. 1 Millionen Jahre später entstanden ist.

167

- Einige Wissenschaftler gehen davon aus, dass es sich beim **„Kenyanthropus platyops"** um eine *„Sonderform"* der Gattung **„Australopithecus"** handeln muss.

- Interessant ist, dass **„Australopithecus afarensis"** und **„Kenyanthropus platyops"** in Afrika ungefähr zur gleichen Zeit lebten.

- Ob **„Kenyanthropus platyops"** aufrecht gehen konnte ist bis jetzt nicht völlig geklärt, da bislang weder Arm- oder Beinknochen von ihm entdeckt werden konnten.

- Der Lebensraum von **„Kenyanthropus platyops"** konnte anhand von botanischen und zoologischen Funden als feucht und daher gut bewachsen gedeutet werden, die zusätzlich zahlreichen Funde fossiler Hornträger lassen auf eine Landschaft schließen, die durch Übergänge zwischen Savannen sowie Buschlandschaften gekennzeichnet waren.

Name: „Australopithecus africanus"

Alter: ca. 3 Millionen Jahre – 2,2 Millionen Jahre

Status: ausgestorbener Menschenaffe

Fundort der Knochen: „Sterkfontein" (Südafrika)

DAS „AUSTRALOPITHECUS AFRICANUS" *aufrecht gehen konnte war zunächst nur eine Vermutung, welche allein aufgrund der Position des* **„Foramen magnum"** *entstanden ist.*
(das ist die Öffnung an der Unterseite des Schädels, durch die das Rückenmark führt)

- *Diese These wurde später jedoch eindrucksvoll durch weitere entdeckter Fossilien bestätigt. Zudem gab es einen weiteren direkten Hinweis auf den „aufrechten Gang" des* **„Australopithecus africanus"** *anhand eines gefundenen Fußabdruckes, später fand man noch ein Hüftbein sowie einen großen Teil der Wirbelsäule, dieser weitere Fund zeigte nochmals eindeutig, dass* **„Australopithecus africanus"** *auf „zwei Beinen" ging.*

- *Die gefundene Wirbelsäule hatte „sechs Lendenwirbel"* **(moderne Menschen haben fünf)**, *Schimpansen in der Regel nur drei.*

- *Vergleicht man die Größe der Eckzähne von* **„Australopithecus anamensis"**, **„Australopithecus afarensis"** *sowie* **„Australopithecus africanus"** *so zeigt sich, dass diese „kontinuierlich" immer mehr an Größe verlieren.*

- Die Bedeutung der „Eckzähne als Waffe", wie bei den meisten Affen **nimmt also immer mehr ab**, die größer werdenden „Mahlzähne" deuten wiederum auf eine Anpassung an härter werdende und dadurch schwieriger zu zerkauende Nahrung hin.

- Es scheint so, dass die Nahrungsquellen der südafrikanischen **„Hominini"** saisonal unterschiedlich waren, wobei wohl der Schwerpunkt auf einer aus „Früchten" bestehenden Nahrung gelegen haben muss, die mit Samen und anderen harten Pflanzen zerkaut wurden.

- Von welchen Vorläufer Arten **„Australopithecus africanus"** abstammen könnte, wurde bis jetzt leider nicht völlig geklärt. Einige Wissenschaftler vermuten jedoch, dass er vom **„Australopithecus afarensis"** abstammen könnte.

- Sein Gehirnvolumen wurde von der Fachliteratur auf ungefähr **„400 - 500 Kubikzentimetern"** angegeben, was dem eines „Schimpansen" entspricht.

- Die Körpergröße dürfte ca. 1,10 bis 1,40 Meter betragen haben, das Körpergewicht wurde auf 30 bis 60 Kg geschätzt.

- Wie auch andere *„Australopithecinen"* bevorzugte er als Lebensraum bewaldete Gebiete mit Übergang zu Savannen zudem pflegten sie eine enge Verbindung zu den breiten Uferzonen der Flüsse und Seen.

Name: *„Homo rudolfensis"*
Alter: ca. 2,4 – 1,8 Millionen Jahre
Status: ausgestorbener Menschenaffe
Fundort der Knochen: *„Koobi Fora"* (Kenia)

„HOMO RUDOLFENSIS" ist in der Fachwelt ein viel diskutiertes Thema.

- Es geht darum, ob man die Funde schon der Gattung „Homo" zuschreiben kann oder ob es sich doch eher noch um einen *„Australopithecus"* handelt.

- Der gefundene Schädel ist recht vollständig erhalten, jedoch fehlen ihm alle „Zähne".

- Eins der Hauptprobleme mit dem *„Homo rudolfensis"* ist, dass es keine weiteren Körperteile gibt die man mit ihm in Verbindung bringen könnte.

- Untersuchungen des Schädels belegten ein „großes Gehirn", jedoch ohne weitere Körperteile, ist es enorm schwer einzuschätzen, ob diese Merkmale vielleicht auf einen größeren Körperbau zurückzuführen sind.

- Wegen dieses Problems gibt es viele konkurrierende Ansichten bezüglich der Gültigkeit, der Bezeichnung „Homo". Diese Bezeichnung hatte man ihm nämlich zunächst nur wegen seines großen Gehirns gegeben, welches mit einer Größe von **„ca. 775 cm³ (Kubikzentimeter)"** angegeben wurde.

- Die Spezies **„Homo rudolfensis"** ist deshalb so bedeutungsvoll, weil sein hohes Alter, sowie sein großes Gehirn ihn zu einem „Anwärter" auf die Bezeichnung **„direkter menschlicher Vorfahre"** machen könnte.

- Ein interessanter Aspekt der ihm dies jedoch streitig machen könnte, ist die von einigen Wissenschaftlern geäußerte Vermutung, dass **„Homo rudolfensis"** und **„Homo habils"** überhaupt nicht zur Gattung **„Homo"** gehören sondern eher den **„Australopithecinen"** zugeordnet werden sollten.

- So scheinen nämlich Analysen zu zeigen, dass **„Homo rudolfensis"** mehr Merkmale mit den

„Australopithecinen" teilt, als mit denen der
Gattung „Homo".

Name: „Australopithecus sediba"
Alter: ca. 2 Millionen Jahre – 1,8 Millionen Jahre
Status: ausgestorbener Menschenaffe
Fundort der Knochen: „Südafrika"

„AUSTRALOPITHECUS SEDIBA" könnte wie einige Forscher
vermuten eine Art „Zwischenform" gewesen sein.

- *Eine Zwischenform welche aus der Übergangszeit*
  zwischen „Australopithecus africanus" und „Homo
  rudolfensis", bzw. sogar „Homo erectus" entstand.

- *Diese Theorie basiert auf gewisse Merkmale, die man*
  einerseits bei der Gattung „Homo", andererseits aber
  auch bei der Gattung „Australopithecus" finden konnte.

- *Die genaue Position von „Australopithecus sediba" im*
  Stammbaum der „Hominini" und seine damit bezogene
  Verwandtschaft zu uns „modernen Menschen", konnte
  jedoch noch nicht völlig geklärt werden.

- *Eventuell könnte es jedoch sein, dass es sich beim **„Australopithecus sediba"** lediglich um einen späten „Seitenzweig" der Gattung **„Australopithecinen"** handelt, welcher zur gleichen Zeit mit schon bereits existierenden Vertretern der Gattung **„Homo"** gelebt hat.*

- *Der **„Australopithecus sediba"** hatte „lange Arme", „kurze kräftige Hände", und ein „menschenähnliches Becken", welches ihm ermöglicht hat „aufrecht zu gehen" sowie vielleicht sogar zu „rennen".*

- *Von dessen Fuß weiß man allerdings, dass dieser noch recht „primitiv" gewesen sein muss im Vergleich zum „heutigen Menschen", dies deutet darauf hin, dass der **„Austalopithecus sediba"** noch einige Zeit in den „Bäumen" verbracht hat. Eventuell um zu „schlafen", oder wenn er vor etwas „flüchten" musste.*

- *Einige Merkmale des Oberschenkels, Kniegelenks sowie Sprunggelenks lassen vermuten, dass **„Australopithecus sediba"** sich recht ähnlich bewegte wie alle Individuen der Gattung **„Australopithecinen".***

*Name: **„Homo habilis"***
Alter: ca. 1,8 Millionen Jahre
Status: ausgestorbener Menschenaffe

Fundort der Knochen: „Tansania" (Ostafrika)

„HOMO HABILIS" scheint eine „Übergangsform" zwischen *„Australopithecus africanus"* und *„Homo erectus"* gewesen zu sein.

- Ein im Vergleich zu *„Australopithecus africanus"* vergrößertes Schädelvolumen von *„ca. 700 cm³ (Kubikzentimeter)"*, sowie eine „reduzierte Zahngröße" **und das Vorhandensein eines „Präzisionsgriffes" lässt dies vermuten.**

- *„Der Präzisionsgriff"*, welcher *„die Bedingung für die Herstellung von Werkzeugen ist"*, wurde nochmals anhand von gefundenen *„Steinwerkzeugen"*, sowie Tierknochen mit erkennbaren „Einkerbungen" bestätigt.

- Vermutet wird, dass *„Homo habilis"* bereits Fleisch von den Knochen „getrennt" und verzehrt hat.

- Überreste eines gefundenen Fußes zeigten zudem sehr deutliche Anzeichen für den *„aufrechten Gang"*, wie anhand eines vergrößerten Zehs, sowie einer Knöchelkonstruktion, die eine „effiziente Gewichtsverteilung beim Gehen" ermöglichte erkannt werden konnte.

- Obwohl *„Homo habilis"* die Fähigkeit zum *„aufrechten Gang"* besaß, gibt es dennoch Anzeichen dafür, dass dieser auch noch *„eine gewisse Zeit"* in den Bäumen verbracht hat.

- Dies deckt sich zudem gut mit der Theorie, dass die verschiedenen *„Hominini"* zum größten Teil in einer mit einzelnen Baumgruppen bewaldeten Umgebung gelebt haben müssen.

- Weitere Begleitfunde lassen zudem auf einen Lebensraum schließen, der des Weiteren aus grasbewachsenen Savannen, Wasserläufen und Seen mit Ufergehölzen bestand.

Name: *„Homo erectus"*
Alter: *ca. 1,8 Millionen Jahre – ca. 40.000 Jahre*
Status: *ausgestorbener Menschenaffe*
Fundort der Knochen: *„Afrika", „Europa", „Asien"*

DER *„HOMO ERECTUS"* war abgesehen vom *„Homo sapiens"* der Menschentyp, welcher sich vor **ca. 1,7 Millionen Jahren** anfing sich *„am weitesten"* über die Welt auszubreiten.

- Funde vom **„Homo erectus"** wurden z.B. aus „England", „Südafrika", „Indonesien" und fast allen anderen Teilen der Erde gemeldet.

- Die Fundorte des **„Homo erectus"** deckten ganze Kontinente ab, „von Afrika über Asien bis nach Europa".

- Gewisse Eigenschaften des **„Homo erectus"** tendieren schon „sehr" zum **„Homo sapiens"** hin z.B. die „Zunahme" der Gehirngröße beim **„Homo erectus"** beträgt diese **„ca. 1000 cm³ (Kubikzentimeter)"**, die des **„Homo sapiens"** liegt ungefähr bei **„1350 cm³ (Kubikzentimeter)"**.

- Dann wäre da noch „die Verkleinerung des Zahnsystems", inklusive „Abnahme" der Kiefergröße.

- Zudem findet beim **„Homo erectus"** erstmals eine „Verkleinerung der Armknochen" statt, hin zu **„den menschlichen Gliederverhältnissen entsprechend"**.

- Weitere Merkmale sind zu alle dem noch die Entwicklung einer „hervorstehenden Nase", sowie der Trend hin zu einer ähnlichen „Körpergröße", wie die des heutigen Menschen.

- Viele Forscher vertreten die Meinung, dass sich aus dem **„Homo erectus"** in „Europa" sowie „Asien" der **„Homo neanderthalensis"** und parallel zu diesem, jedoch **„unabhängig"** von ihm in Afrika der **„Homo sapiens"** entwickelt hat.

- Der **„Homo erectus"** ist für das Verständnis der Ursprünge unserer Art **„Homo sapiens"** deshalb so wichtig, weil nämlich bereits vor **„ca. 700.000 Jahren"** das heutige menschliche Skelett begann sich zu entwickeln. **„Die Zeit als die menschlichen Schädeleigenschaften sich zu entwickeln begannen und als das Gehirn eine bedeutende Größenzunahme erfuhr".**

- Diese Zeitspanne war auch deshalb so bedeutungsvoll, weil sich hier erstmals die vielen, als „menschlich" bezeichneten „Verhaltensweisen" gebildet haben z.B. gab es eine schon „weit entwickelte Steinwerkzeugindustrie", zudem „beherrschte und kontrollierte man das Feuer" und auf dem Speiseplan stand eine regelmäßige fleischliche Kost, was wiederum eine „effektive Jagdtechnik" voraussetzte.

- *Dies war zu der Zeit, als sich das „Erscheinungsbild" und das „Verhalten" dorthin entwickelten, was wir heute im Allgemeinen als „menschlich" betrachten würden.*

- *Als wahrscheinlichster Vorfahre von **„Homo erectus"** gilt derzeit **„Homo rudolfensis"**, dies kann allerdings noch nicht eindeutig bewiesen werden, könnte aber aufgrund der „zeitlichen Aufeinanderfolge ihres Auftretens" durchaus möglich sein.*

Des Weiteren existierte noch eine weitere Art der Gattung „Homo",

diese kann jedoch als eigenständig bezeichnet werden, weil sie nichts mit der Entwicklung des *„Homo sapiens"* zu tun hatte.

„Sie war also weder eine Vorfahre noch ein Nachkomme von unserer Art, dennoch besteht eine Verwandtschaft zwischen ihnen und uns."

Zum einen, weil sie genau wie wir, auch aus dem *„Homo erectus"* entstanden sind...

...und zum anderen, weil sie zur selben Zeit wie wir *„Homo sapiens"* gelebt haben.

„vor ca. 200.000 Jahren"

*Die Rede ist von den **„Neandertalern"** wissenschaftlich auch*
*"**Homo neanderthalensis**" genannt.*

DER „HOMO NEANDERTHALENSIS" *wurde erstmals an einem*
*Tag im August des Jahres 1856, in der **Feldhofer Grotte** im*
*„**Neandertal**" bei **Düsseldorf** entdeckt.*

- *Weitere Funde gab es zudem in „gesamt Europa" sowie*
  „West und Zentralasien".
- *Die „**Neandertaler**" waren sehr „**robust**" und „**muskulös**"*
  *gebaut", ihre „**Gelenke**" und „**Muskeln**" waren „**kräftig**",*
  und ihre Oberschenkel besaßen dicke Wände.
- *Diese „Merkmale" zeigten sich wohl schon bei ihren*
  „Kindern", deshalb sind die „ausgeprägte Muskulatur" und
  der „robuste Körperbau" ein spezielles Merkmal der
  *Gattung „**Homo neanderthalensis**".*
- *Da dies „genetisch" bedingt war mussten die Muskeln*
  nicht etwa erst im Laufe ihres Lebens „antrainiert"
  werden.
- *Der Körperbau des Neandertalers wirkte etwas*
  gedrungen, da ihre Oberschenkel und Oberarme relativ
  lang, jedoch ihre Beine im Vergleich kürzer als die des
  *„**Homo sapiens**" waren.*
- *Die Männer der „**Homo neanderthalensis**" waren im*
  Schnitt ca. 1,68 m groß und hatten ein Körpergewicht von

ca. 60 bis 80 kg, ihre Frauen waren dagegen etwas kleiner und schlanker.

- Der **„Homo neanderthalensis"** ist aus einer Gruppe **„Homo erectus"** entstanden nachdem diese vor **ca. 1,7 Millionen Jahren** begannen „Afrika" in Richtung „Europa" und „Asien" zu verlassen.

- Parallel dazu hatte sich aus einem anderen Teil, der noch in Afrika gebliebenen **„Homo erectus"** schließlich unsere Gattung **„der Homo sapiens"** entwickelt, welcher sich dann letztendlich vor **ca. 120.000 Jahren** ebenfalls aufmachte Afrika zu verlassen, um die restliche Welt zu erobern.

- Das Gehirnvolumen des **„Homo neanderthalensis"** betrug **„ca. 1200 bis 1750 Kubikzentimeter"**, im Durchschnitt ist das etwas **„mehr"** als beim **„Homo sapiens"**, dies könnte allerdings durch ihren „kräftigeren Körperbau" hervorgerufen worden sein.

- Anhand ihrer Oberschenkel sowie Schienbeinknochen konnte eine **„Verdoppelung"** der „Biege und Verdrehungsbelastbarkeit" im Vergleich zum modernen Menschen erkannt werden, zudem weist die Form des Kniebereichs auf **„beachtliche Kräfte"** und „Belastungsfähigkeit" hin.

- Des Weiteren waren ihre Füße aufgrund vergrößerter Gelenke und einer verstärkten Großzehe extrem beanspruchbar.

- Eine starke „Brust sowie Rückenmuskulatur" ermöglichte ihnen zusätzlich einen überaus starken „Kraftgriff".

- Auch die „Rippen" und der „Beckengürtel" waren massiver geformt als beim **„Homo sapiens".**

- Aus der Länge der **„Achillessehne"** wurde jedoch erkennbar, dass der **Neandertaler „ein schlechter Ausdauerläufer"** war und selbst beim „Kurzstreckenlauf" wesentlich **„mehr Energie verbrauchte"** als der **„Homo sapiens".**

- Zudem waren der rechte Oberarmknochen sowie die rechtsseitigen Muskelansätze der Oberarme meist kräftiger ausgebildet als die linken. Dies deutet klar auf den regelmäßigen Gebrauch von Speeren hin.

- Bewiesen ist, dass die Neandertaler an ihren Wohnstätten regelmäßig **„Feuer"** gemacht haben.

- Der **„Homo neanderthalensis"** war ein **„hoch spezialisierter Jäger",** welcher z.B. **„Bisons"** und **„Mammuts"** immer wieder auflauerte und erlegte.

- In „Salzgitter-Lebenstedt" fanden sich zusammen mit **„Steinwerkzeugen",** Knochenreste von ca. 80 getöteten Rentieren, ein eindeutiger Beweis für die ausgezeichneten Jagdfähigkeiten der **„Homo neanderthalensis".**

- Zudem sprechen Indizien dafür, dass sie zu alle dem durchaus auch schon **„eine eigene Sprache"** gehabt haben könnten.

**„Für das Aussterben der „Homo neanderthalensis"
können mehrere Theorien in Betracht gezogen werden."**

- Am wahrscheinlichsten erscheint die These, dass sie sich
  nicht sonderlich gut vermehrt haben.
- Bevölkerungsengpässe, waren keine Seltenheit in der
  Geschichte der Menschheit und könnten daher auch den
  „Homo neanderthalensis" durchaus betroffen haben.

Schätzungsweise brachte eine weibliche **„Homo
neanderthalensis"** nur ca. **„alle vier Jahre"** ein Kind zur Welt,
zudem berechnete man das vor **ca. 70.000 bis 40.000 Jahren** nur
noch höchstens **30.000 – 40.000** weibliche Neandertaler
gleichzeitig gelebt haben.

Zu alle dem gibt es Hinweise darauf, dass sich in gewissen
Regionen die Zahl der lebenden **„Homo sapiens"** plötzlich
„explosionsartig erhöhte", vermutlich konnte der **„Homo
sapiens"** aufgrund seiner Verhaltensweisen sowie vielseitigeren
Essgewohnheiten in dichter besiedelten Gebieten besser überleben
als die Konkurrenz.

**„Statistiken zeigen zudem noch deutlich, dass schon
Unterschiede von nur wenigen Prozent bei der
Fortpflanzungsrate der Individuen ausreichen, um in
nur wenigen tausend Jahren, eine Menschengruppe
völlig in einer anderen aufgehen zu lassen, bzw. zum**

Aussterben der weniger begünstigten Gruppe führen kann."

Der **„Homo sapiens"**, also wir Menschen, könnten daher durchaus dafür verantwortlich gewesen sein. dass der **„Homo neanderthalensis"** dann letztendlich vor **ca. 30.000 Jahren** ausstarb.

„Wir könnten buchstäblich einfach effektiver als er gewesen sein, obwohl er uns in manchen Dingen durchaus überlegener war."

Der aufrechte Gang

Warum die Vorfahren des **„Homo sapiens"** den aufrechten Gang entwickelt haben ist eigentlich ganz einfach zu beantworten:

Weil sie es konnten und es zudem mehrere Vorteile hatte...

- *Beim Sammeln von Nahrung.*
- *Weil es eine effizientere Fortbewegung ermöglichte z.B. als die Wälder zurückgingen, lagen die Nahrungsquellen wie etwa Obstbäume oder Sonstiges zu weit auseinander, um von den bisherigen Menschenaffen effektiv genutzt werden zu können.*

- Die „Zweibeinigkeit" war wegen ihrer „höheren Energieeffizienz" gegenüber anderen vierbeinig laufenden Affen durchaus ein Vorteil.
- Ermöglichte die Fähigkeit über hochwüchsiges Savannengras blicken zu können, um mögliche Feinde rechtzeitig „erkennen" zu können.
- Sie ist für die „Kühlung" während der Futtersuche am Tage eine wesentlich günstigere Körperhaltung.

„Der Mensch ist also nicht plötzlich einfach so auf diesem Planeten aufgetaucht, sondern durchlief genau wie jedes andere Lebewesen auch zunächst gewisse vorzeitliche Entwicklungsstadien. Bis hin zum heutigen Menschen wie sie und mich, betrug diese besagte Entwicklungszeit ca. 6 - 7 Millionen Jahre."

„Der Mensch stammt nicht von den Affen ab, sondern Affe und Mensch haben beide gemeinsame Vorfahren. Ab einem gewissen Punkt in der Entwicklungsgeschichte, spaltete sich lediglich ein gewisser Teil von diesen ab und wurde im Laufe der Millionen von Jahren zudem was wir heutzutage als Mensch bezeichnen."

„Der andere Teil entwickelte sich wiederum zu dem was wir als Affe definieren, die Verwandtschaft zwischen Mensch und Affe besteht dadurch natürlich dennoch, eben genau durch diese ursprüngliche gemeinsame Abstammung."

„Sowohl die Affen, als auch der Mensch haben sich beide aus >Primaten< entwickelt, welche ihrerseits bereits vor ca. 70 – 90 Millionen Jahren auf diesem Planeten gelebt haben."

Aus der Sicht der „höheren Erkenntnis" betrachtet, ist der Mensch nicht mehr oder weniger als eine von unvorstellbar vielen „vorübergehenden Objektivationen des Willens". (6. Kapitel)

Der Mensch ist zwar nicht die vollkommene Krone der Schöpfung und stellt auch *„keinen"* Sonderstatus dar, dennoch ist er auf seine eigene spezielle Art zumindest auf Erden etwas wirklich Einzigartiges.

Lassen Sie uns zunächst einmal die *positiven Seiten* des Menschseins betrachten, bevor wir zu den *Schattenseiten* gelangen.

Der Mensch kann...

- *Mitleid* empfinden.
- *Liebe* schenken und erfahren.
- *Kunst* erschaffen und genießen.

Fangen wir an:

Mitleid
„Der Wahn des Egoismus ist durch das Mitleid auflösbar."

„In dem ich mit anderen mitempfinde und ihr Leid so zugleich zu meinem eigenen mache, wird das Leid des Anderen mich dazu bewegen ihm zu helfen."

Durch diesen Tatendrang wird **„die Illusion von ich und du"** *für einen sehr kurzen aber ausreichenden Moment aufgehoben.*

„Doch Vorsicht ist geboten" Denn „wahres Mitleid" ist nur dann wirklich gegeben, wenn die daraus resultierenden Taten, „frei" von jeglichem „Lob und/oder Belohnungsgedanken" sind.

- *Die einzigartige Macht des Mitleids erfolgt durch das „hineinversetzen" in die Situation des jeweils anderen Lebewesens, hierbei ist egal ob Pflanze, Tier oder Mensch.*

„Für den wahrhaft Mitleidempfindenden, ist das Leid der Anderen gleichwohl auch das eigene Leid."

- *Lebewesen, welche wahrhaft „reines Mitleid"*
  *empfinden, erhalten die Kraft der **„höheren***
  ***Erkenntnis",** obwohl sie noch niemals von dieser*
  etwas gehört haben.

- *Wer von Mitleid erfüllt ist, der wird Niemanden*
  mehr wehtun können, nachsichtig sein, verzeihen
  und helfen wo er es nur kann.

„Ein mitleidender Mensch erkennt fremdes Leid stets als
sein eigenes an, weil er sich in allen Lebewesen selbst
erkannt hat und auf diesem Weg mit ihnen Eins wird."

Wenn man anderen Menschen begegnet, sollte man sich
nicht irgendwelchen Vorurteilen hingeben, sondern
*ihren **„Schmerz"** und ihr **„Leid"** sowie ihre **„Ängste"** und*
***„Nöte"** erkennen.*

Dadurch wird man nicht nur das Negative in ihnen
wahrnehmen, sondern...

...man spiegelt sich selbst in ihnen wieder und
erkennt durch das Mitleiden, dass eigene so
vertraute Wesen auch in jedem Anderem wieder.

„Mitleiden ist die __unbewusste__ Selbsterkenntnis des Willens
über sein eigenes Wesen."

„Im Mitleiden treten die Sorgen um das eigene Dasein an die
Stelle alles Lebendigem."

„Der Mensch allein hat die Fähigkeit, Mitleid mit anderen
Lebewesen zu empfinden, daher sollte es ihm theoretisch
möglich sein, dass eigene Wesen auch in allem Anderem zu
erblicken und demensprechend folgerichtig zu handeln."

Liebe
„Wahrheit und Täuschung"

Was ist Liebe? Diese Frage mag zwar so unscheinbar klingen,
ist aber genauer betrachtet gar nicht mal so leicht zu
beantworten, denn Liebe kann sich in verschiedenen
Varianten und Ausprägungsgraden zeigen.

- *Ich kann z.B. meine Eltern lieben, meine Kinder oder*
  aber auch einen guten Freund bzw. Freundin.
- *Lieben kann ich aber auch mein Lieblingshobby oder*
  eine bestimmte Speise, die ich am liebsten esse.

Die meisten würden unter dem Begriff **„Liebe"** aber wohl eher
den jeweiligen Lebensgefährten einordnen, denn wo sonst
wird der Satz: **„Ich liebe dich"** noch so häufig benutzt wie in
einer Partnerschaft?

Doch *„Liebe in ihrer reinsten Form"* ist viel mehr, als nur das zuvor genannte. Denn anders als beim *„Mitleid empfinden",* wo es allein darum geht, das Leiden der Anderen auf sich selbst zu projizieren und somit das eigene Wesen in ihnen zu erkennen und demensprechend zu handeln, geht es bei *„der wahren Liebe"* stets darum: *„__Alles__ was lebt",* also Pflanzen Tiere und andere Menschen selbst dann, wenn sie nicht leiden, **stets so zu behandeln, als wäre man es selbst, mit dem man dort umgeht.**

Finden Sie es nicht auch etwas „egoistisch", bei so vielen „Milliarden" Lebensformen auf diesem Planeten, stets nur von ein paar wenigen „Auserwählten" zu behaupten, dass man sie liebt?

Und das Obwohl doch mittlerweile klar geworden sein sollte, dass „Ich und Du", sowie „alle Verschiedenheit" und das Gefühl des getrennt voneinander sein, nichts weiter ist als eine hartnäckige **„Illusion"**

„Alles was existiert, ist in Wirklichkeit immer ein und das Selbe, jedoch in den verschiedensten Ausdrucksformen."

„Alles ist der Wille oder das Universum, wenn Sie es unbedingt wollen, von mir aus auch Gott, doch egal wie

Sie es bezeichnen möchten, außer eben diesem einen existiert nichts Weiteres."

Doch für die Meisten scheint der klarste Ausdruck der Liebe wie bereits zuvor erwähnt in einer Beziehung zwischen Mann und Frau zu liegen, dies scheint wohl mehr zu überzeugen, als zu behaupten:

„Liebe sei, mit allem so umzugehen, als wäre man dies selbst."

Doch so *„unromantisch"* dies jetzt auch für manch einem von Ihnen klingen mag, genau diese Liebe wie sie zwischen Mann und Frau angepriesen wird, ist eine reine *„Täuschung"* und kann nach meiner Meinung nicht mit der Liebe verglichen werden, wie ich sie definiere.

Um Ihnen dies etwas besser zu verdeutlichen, werden wir uns jetzt einen Moment mit dieser „falschen Liebe" beschäftigen...

- *Um sich zu verlieben wie es so schön genannt wird, muss zunächst einmal eine Person, egal ob männlich oder weiblich vorhanden sein, **bei der eine „Bereitschaft für eine Partnerschafft"** vorhanden ist.*

- *Als nächstes muss ein „**geeigneter Partner**"
  gefunden werden, welcher wiederum „**auch eine
  Bereitschaft für eine Partnerschaft hat**" z.B. in
  Discotheken oder auf bestimmten Internetseiten.*

- **Wer der richtige Partner für einen ist, kann
  genau wie alles andere im Leben nicht selbst
  entschieden, sondern nur „erlebt" werden.**

- *Oft sind schon die ersten paar Sekunden
  entscheidend, ob wir uns jemanden als Partner
  vorstellen können oder eben nicht.*

- **Der „Fortpflanzungstrieb" spielt bei der
  Partnerwahl die wohl mit entscheidendste Rolle,**
  *zumindest in den jüngeren Jahren. Der Körper
  entscheidet hierbei selbst, ob er jemanden als
  Fortpflanzungspartner für gut oder nur ausreichend
  befindet.*

- *Zu aller erst einmal und dies ist wichtig zu verstehen,
  ist das „sich verlieben"* **ein genialer Trick der
  Natur, um das Fortbestehen der jeweiligen Art
  zu sichern.** *Im Tierreich ist das auch nicht anders,*

*findet lediglich auf einer anderen Art und Weise
statt.*

- *Haben sich also zwei Personen gefunden, die jeweils
  auf Partnersuche sind und sich gegenseitig als
  mindestens ausreichend attraktiv empfinden, kommt
  die entscheidende Phase. **Kommt es nur zum „Sex"
  oder wird eine „Partnerschaft" eingegangen?***

- *Sollte zu dem sich gegenseitig attraktiv finden noch
  aus welchen Gründen auch immer „eine Sympathie"
  für den jeweils anderen entstehen **(bei manchen
  sind es „die Gemeinsamkeiten", bei anderen „die
  Unterschiede" und bei wiederum anderen ganz
  andere Faktoren)**, kann fast schon sehr sicher
  davon ausgegangen werden das diese Zwei, wenn
  nichts anderweitiges Unvorhersehbares eintrifft,
  eine **„Partnerschafft"** eingehen werden.*

*„Ist erst einmal eine Partnerschaft vorhanden, spielen andere
Faktoren eine wichtige Rolle dabei, ob diese auch auf längere
Sicht gesehen noch bestehen wird."*

- ***Z.B.: Finden sich die Beiden auch nach längerer
  Zeit noch „sympathisch"?***

- *Ist der „sexuelle Reiz" auch auf die Dauer noch vorhanden?*
- *Können vielleicht „Vorteile" aus dieser Beziehung gezogen werden?*
- *Hat man sich schon zu sehr an den Partner „gewöhnt" und/oder „Angst" vor dem „wieder alleine sein"?*
- *Gibt es vielleicht „Konkurrenz" die Ihnen Ihren Partner streitig machen könnte?*

*Viele Beziehungen werden wohl allein wegen der dem Menschen so wichtigen **„Gewohnheit"** und der daraus folgenden **„Routine"** weiterhin bestehen bleiben.*

*Eventueller **„Nutzen"** aus dieser und die **„Ängste"** vor dem alleine sein, fördern dies zudem stets noch.*

*Dies hat letztendlich nichts mit wahrer Liebe zu tun, denn sie **(die Partnerschaften)** beruhen meistens immer auf denselben einfachen Grundprinzipien:*

„Bereitschaft / sexuelle Anziehung / Sympathie / Nutzen / Gewohnheit / Routine / Ängste"

Letztendlich ist eine Partnerschaft vergleichbar mit einer wirklich guten Freundschaft, mit dem Bonus das „der Sexualtrieb" zudem auch noch Befriedigung finden kann und dies scheint ja bekanntlich mit das Wichtigste zu sein.

Dies bedeutet natürlich nicht, dass ich diese Dinge wie eine Beziehung nicht gut heißen würde, ich möchte hiermit lediglich klar machen, dass dies nichts mit

„Liebe im eigentlichen Sinne zu tun hat."

Dennoch scheint es etwas zu geben, was der wahren Liebe schon sehr nahe kommt, gemeint ist...

„Die elterliche Liebe zu ihren Kindern."

Denn wie ich ja bereits zuvor schon zu erklären versucht habe, ist wahre Liebe...

„Alles stets so zu behandeln, als wäre man es selber, ja sogar die Feinde und zwar aus dem Grunde weil es ja letztendlich auch so ist."

Bei den eigenen Kindern ist zumindest den Eltern ein gewisser Grad dieser Liebe schon „vollkommen natürlich" gegeben, zwar gibt es auch hier wieder ausnahmen, doch zumindest sollte dies im Normalfall so sein.

Aus diesem Grund kann „die elterliche Liebe" auf eine besondere Ebene gestuft werden.

Die meisten Eltern wissen zwar nichts von der „höheren Erkenntnis" und das ihr Kind und sie selbst letztendlich ein und dasselbe Wesen sind, dennoch ist die Liebe zu ihrem Kind wirklicher als z.B. bei einer Liebesbeziehung zwischen Mann und Frau.

„Dies kommt dadurch, weil den Eltern bereits von Natur aus bewusst sein sollte, dass sie selbst es waren die ihr Kind erschaffen haben und es dadurch natürlich auch ein Teil von ihnen ist."

- *Die Liebe von dem Kind an die Eltern ist wiederum nicht mehr so vollkommen, weil es dieses besondere Gefühl selber erst einmal bei den eigenen Kindern erlebt haben muss um „verstehen" zu können.*
- *Somit kann diese spezielle „reine Liebe" vor dem „eigenen Erfahren" nicht richtig nachvollzogen werden, auch nicht von den eigenen Kindern.*

Liebe scheint also zumindest in den meisten aller Fälle bloß „ein Wort" der Menschheit zu sein, dessen *„wahre Bedeutung"* sich die meisten gar nicht mehr richtig bewusst sind und

genau aus diesem Grund, wurde es auch bereits für so
vielerlei Dinge *„zweckentfremdet".*

„Die Behauptung z.B. eine bestimmte „Speise" oder ein gewisses
„Hobby" zu lieben, ist ein schönes Beispiel hierfür."

„Freundschaften und Beziehungen ein anderes."

*Eine Ausnahme wäre es allerdings, wenn der
Lebenspartner aus dem Grunde geliebt wird, weil man
in ihm das „eigene Wesen" erkannt hat.*

*Doch selbst wenn dieses Gefühl wirklich vorhanden sein sollte,
kann man erst von **„Ich liebe"** sprechen, wenn man diese
Gewissheit der **„absoluten Gleichheit"**
auf alles projiziert und somit endlich akzeptiert, das:*

*„Alles was existiert, in Wirklichkeit ein und das Selbe
identische Wesen ist."*

Die ganze Welt ist Ihr eigenes Spiegelbild.
*„Und allein dem Menschen zumindest auf Erden, ist es ermöglicht
genau dies zu verstehen."*

Kunst

„Genuss ohne Besitz"

„Der Mensch ist die einzige Lebensform auf diesem Planeten, welchem es vergönnt ist, Kunstwerke zu erschaffen, sowie sie zu genießen."

Egal ob es z.B. „Statuen", „Gemälde", „Musik" oder sonstige Kunst ist, **jedes Einzelne von diesen Menschen erschaffenen Dingen kann in uns „einzigartige" Gefühle und Kräfte hervorbringen.**

Lassen Sie uns nun damit beginnen die einzigartige Kraft der Kunst zu erkennen.

Stufe 1. „Niedere Kunst"

[Konkrete] Statuen und Gemälde

Die erste Stufe der Kunst ist die **„Konkrete Kunst"**

Dies bedeutet, dass die Gemälde und Statuen dieses Typus aus dem abgeleitet wurden, was der jeweilige Erschaffer dieser, aus der Welt als „natürliche Vorlage" nutzen konnte.

- Bei einem Gemälde könnte dies z.B. eine „Naturlandschaft mit Tieren" oder ein „Korb mit Früchten" sein.
- Bei einer Statue wiederum z.B. ein „Mensch" oder „Tier".

Konkrete Kunst gehört aus diesem Grunde zu der Niederen Kunst.

Was ihre Schönheit aber nicht mindern soll, auch der Künstler soll hier nicht schlecht geredet werden, weil auch hierbei ein enormes Talent von Nöten ist, um den Betrachter des Kunstwerkes in einen magischen Bann zu ziehen.

„Konkrete Kunst" ermöglicht es also die Objektivationen des Willens, das heißt
„unsere Vorstellung der Welt",
in Form von „Kunstwerken" einzufangen und auf diesem Wege darzustellen.

Stufe 2. „Höhere Kunst"

[Abstrakte] Statuen und Gemälde

Die zweite Stufe der Kunst ist die *„Abstrakte Kunst"*

Diese ist deshalb eine „höhere Kunst", weil sie zwar die Formen nutzt welche in der Welt vorkommen, doch die Art und Weise wie diese in dem jeweiligen Kunstwerk eingefangen werden, ist eine reine Manifestation der inneren Vorstellungskraft des jeweiligen Künstlers.

Das besondere hierbei ist, dass ein und dasselbe Kunstwerk für jeden Betrachter anders erscheinen kann, dies kommt dadurch, weil nicht sofort vollkommen klar wird was der Künstler mit diesem ausdrücken wollte.

Wenn nun trotzdem jemand genau dies zu erkennen versucht, muss der Betrachter buchstäblich bis in die Seele des Werkes blicken oder aber eben „eine eigene Interpretation" und somit „Vorstellung" des Kunstwerks erschaffen.

„Abstrakte Kunst" nutzt also auch die Vorlagen der Welt übernimmt diese aber nicht 1:1, sondern arbeitet lediglich mit deren „Formen".

Wie diese Formen dann letztendlich als Kunstwerk umgesetzt werden, bestimmen die „inneren Bilder" (Vorstellungen) des Künstlers.

„Diese inneren Bilder entstehen jedoch genau wie Gedanken, ohne jegliche Kontrolle und aus dem nichts heraus."

Das besondere hierbei ist, dass der Wille in seiner

manifestierten Form als Mensch,

nochmals „eine Manifestation seiner selbst" in Form

eines Abstrakten Kunstwerks erschafft,

dessen Ursprung „die inneren geistigen Bilder" des

Künstlers und somit des „Willens" selbst sind.

Stufe 3. „Höchste Kunst"

Die Musik

Die dritte Stufe der Kunst ist die *„Musik"*

Diese ist deshalb als „höchste Kunst" zu bezeichnen, weil

es von ihr anders als bei den zuvor genannten Künsten,

„keinerlei natürliche Vorlagen in der Natur gibt".

Das bedeutet, dass Musik buchstäblich aus dem nichts

heraus anfängt zu entstehen,

sie kann daher als die Kunst bezeichnet werden, welche

im eigentlichen Sinne nichts Weiteres ist, als eine

weitere Variante der Objektivation des Willens.

Das einzigartige hierbei ist allerdings, dass dies ohne

„Vorlage der Natur" von statten geht und somit als besonders

„rein" bezeichnet werden kann.

„Deshalb hat auch die Musik im Vergleich zu anderen Kunstwerken, den meisten Einfluss auf uns, denn ihre Kräfte sind aufgrund des Reinheitsgrades ihrer Objektivation stärker, als die der anderen Künste."

„Die Musik ist Widerhall des Willens selbst, sie lässt uns daher den Willen und dessen Ausdruck unmittelbar und mit sehr hoher Reinheit erleben."

„Die Musik" ist also auch eine von vielen Möglichkeiten des Willens sich zu zeigen.

Das Besondere hierbei ist jedoch, dass der Wille dies bei der Musik nicht in Form eines „materiellen Körpers" tut und das er in seiner Manifestation als Musik nicht natürlich in der Natur vorkommt, sondern erst aus einer bereits vorhandenen Verkörperung des Willens „dem Menschen" heraus anfängt zu entstehen.

Trotz aller Verschiedenheit der genannten und auch nicht genannten Künste, haben sie dennoch bestimmte Gemeinsamkeiten, deren Wirkung auf uns klar erkennbar ist.

- **Kunst ist etwas, was wir genießen können <u>ohne</u> es sofort „besitzen" zu wollen.**
- **Ein Kunstwerk sorgt dafür, dass wir**

„die Illusion der Trennung" für einen

bestimmten Moment aufheben können, denn um

Kunst wirklich verstehen zu können, muss

Derjenige der dies wünscht, vollkommen eins mit

ihr werden. Er kann nicht so tun, als wäre da

zum Einen er selbst und ihm gegenüber sei „das

Kunstwerk", nein um Kunst zu verstehen und

ihre einzigartige Wirkung hervorzubringen,

muss er selbst und das jeweilige Kunstwerk „eine

vollkommen und identische Einheit bilden".

„Kunst ermöglicht uns also zwei Elemente, welche eigentlich erst

entstehen, nachdem die höhere Erkenntnis erlangt wurde."

Zum einen etwas zu genießen, bzw. schön und

begehrenswert zu finden ohne es jedoch gleich besitzen

zu wollen und zum anderen die Aufhebung der Illusion

der Verschiedenheit.

„Der Nachteil ist hierbei allerdings, dass der Kunst dies nur für

kurzfristige Momente gelingt,

die höhere Erkenntnis dies wiederum auch auf langfristiger Sicht

ermöglicht."

Kunst ist „die kleine Schwester" der höheren Erkenntnis,

genau wie beim „Mitleid" ermöglicht sie uns, zumindest

203

für kurze Zeit „intuitiv" gewisse Zusammenhänge zu

erkennen.

Um diesen Vorgeschmack der höheren Erkenntnis zu kosten, ist es nicht zwingend notwendig sich nur auf die von Menschen geschaffene Kunst zu versteifen,
**denn mit klarem und wachem Blick kann
„die gesamte Natur" als ein „gigantisches Kunstwerk"
erkannt werden.
Das beste Beispiel ist hierbei wohl ein
Sonnenaufgang bzw. -untergang oder aber auch ein
Regenbogen.**

**Die Natur bietet so unendlich viele Dinge, welche
man ohne den Gedanken des „Besitzens" genießen
könnte und mit derer man bei dem Moment des
Genusses zu einer vollkommenen „Einheit"
verschmelzen kann.**

**Die meisten Menschen haben lediglich verlernt,
diese „natürlich gegebene Schönheit" zu erkennen.**

Als nächstes werden wir uns mit den *„Schattenseiten"* des menschlichen Daseins beschäftigen.

Fangen wir an:

- *„Fast jeder Mensch macht sich selbst zum Mittelpunkt der Welt."* Das eigene Leben, oder 1 Millionen Menschen zu opfern, wäre wohl für die meisten **keine** schwierige Entscheidung.

- Als *„Subjekt des Wollens",* ist der Mensch ein elendes verfluchtes Wesen, denn *„**alles Leiden besteht in dem Drang zu wollen.**"*

- *„**Der Wille ist nur an dem Erhalt sowie der Selbstzufriedenheit seiner Erscheinungen interessiert,**"* genau deshalb klammert der Mensch sich so sehr an die *„Genüsse"* und *„Wollüste"* der Welt, doch weil der Wille in fast allen seinen Verkörperungen die Sicht auf seine eigene *„Einheit"* verloren hat und somit in einer *„Illusion der Verschiedenheit"* gefangen ist, kann ihm dies in den meisten aller Fälle nur dann gelingen, wenn er einer anderen Verkörperung seiner selbst schadet. *„**Durch die Illusion, in der er jedoch gefangen ist, bemerkt er diesen fatalen Kreislauf nicht einmal.**"*

- Jeder strebt nach eigener Zufriedenheit, *„**doch die Begierden des Willens sind grenzenlos und seine Forderungen unerschöpflich.**"* Nach jeder Gier die befriedigt wurde, erwacht nach kurzer Dauer eine neue. **„Nichts auf dieser Welt könnte den Willen endgültig zufriedenstellen. Allein die wahre Erkenntnis über sich selbst, kann ihn aus diesem Wahn befreien."**

- Da der Wille in seiner Art nicht nur einen „schöpferischen", sondern auch durch die Täuschung seiner selbst einen „zerstörerischen Charakter" hat, nimmt er selbst einen Kampf seiner eigenen Erscheinungen in Kauf, obwohl er letztendlich immer nur sich selbst damit schadet. **„Beim Menschen zeigt sich dies im Vergleich zum Tierreich nochmals in einer viel stärkeren Form."**

- Als der Glaube an „die Götter" und somit auch die Angst vor „Bestrafungen" weniger wurde, **„erhob sich der krasse, fast uneingeschränkte Egoismus der Menschen und kontrolliert diese seitdem mit seiner Gier, so wie die Zügel die Pferde kontrollieren."**

- **„Ein Tier das zur Staatenbildung schreitet ohne den <u>Egoismus</u> abzulegen, wird gnadenlos zugrunde gehen."** Erhalten bleiben auf Dauer nur die Staaten, welche den fatalen Fehler des Egoismus endgültig beseitigt haben z.B. die „Ameisen" oder „Bienen". **„Müssen tut der Mensch dies natürlich nicht, daraus folgt aber**

ohne jeglichen Zweifel, früher oder später der
Untergang unserer Art."

- *„Macht bedarf einer großen Verantwortung."* *Eine*
  Verantwortung, welche den meisten Menschen jedoch
  nicht bewusst ist, *„unsere Aufgabe wäre es gewesen auf*
  den Planeten Erde und seiner auf ihm entstandenen
  Natur aufzupassen." *Nicht diese auszubeuten und für*
  unsere Zwecke zu nutzen. *Von den zwei Möglichkeiten,*
  welche uns zur Wahl standen, „bewahren" oder
  „missbrauchen" hat der größte Teil sich jedoch leider
  für die vollkommen falsche entschieden.

  „In den meisten aller Fälle, wird die Macht des Menschen
  allein dafür genutzt, noch mehr Macht zu erlangen."

- *„Die Triebe der Selbsterhaltung" drängen die*
  Menschen gegen alles und jeden.

- *„Der moralische Verfall der Menschen begann ab dem*
  Moment, wo wir anfingen Besitztümer zu erschaffen."
  Als der erste von uns anfing ein Stück Land zu umzäunen,
  um dadurch zu behaupten dies sei nun sein „persönlicher
  Besitz", hätten die anderen sofort eingreifen müssen.
  Denn die Früchte dieses Planeten gehören „allen",
  aber die Erde selbst gehört „keinem". *Wie viele*
  „Verbrechen", „Kriege", „Leiden" und „Schrecken" wären

uns wohl erspart geblieben, hätten wir uns nicht auf *„die trügerische Macht des Besitzes eingelassen?"*

- *„Eigentum sorgt für ein soziales Ungleichgewicht zwischen Besitzenden und Besitzlosen".* Hierdurch tritt zu der natürlichen Ungleichheit der Menschen z.B. wegen des „Alters", der „Gesundheit" oder der körperlichen Eigenschaften, wie der Überlegenheit durch „körperliche Stärke" ein weiteres hinzu, nämlich die des „Reichtums" und dadurch die Macht. *Die Reichen werden immer reicher und mächtiger, während die Armen immer ärmer und verzweifelter werden, allein die vollkommene Gleichstellung eines jeden Menschen könnte dies aufheben.*

- *„Die machtvollsten Menschen unterwerfen zuerst die Natur und schließlich ihre Mitmenschen."*

- *„Aus dem ursprünglichen Gleichgewicht von Eigenliebe und Mitleid, wurde immer mehr die verdorbene Selbstsucht."* Die Eigenliebe war ursprünglich eine natürliche Eigenschaft und sollte der „Selbsterhaltung" dienen, welche jedoch vom Mitleid gezügelt und in Maßen gehalten wurde, diese Kombination sorgte für „wahre Menschlichkeit" und Tugend. *Die „Selbstsucht" hingegen ist ein reiner „Wahn der Gesellschaft", durch welche ein jeder*

Einzelne viel zu viel Wind um seine eigene Person macht. Ständig ziehen wir vergleiche mit unseren Mitmenschen und schüren dadurch „Neid und Hass", die meisten wollen stets an der Spitze stehen, nur um über den Anderen sein zu können. Dies geht sogar so weit, dass sich an den „Schrecken und Übeln" der Anderen erfreut wird.

- *„Der Mensch allein, zumindest auf Erden, vereinigt tierische und vernunftvolle Eigenschaften". Wegen seiner noch vorhandenen tierischen Natur, ist er wie jedes andere Tier auch, ein von „sinnlichen Begierden" beherrschtes Wesen. Durch seinen Anteil an „Vernunft" erhält er jedoch eine besondere Stellung, welche wiederum mit „Verantwortung" verknüpft ist.*

- *Die Menschen, welche von der Welt behaupten das in ihr die „Freuden" und „Genüsse", den „Schmerz" und das „Leid" überwiegen oder zumindest gleich gestellt sind, sollten einmal genauer hinschauen und z.B. die Empfindungen eines Tiers, welches ein anderes „frisst", mit der Empfindung des Tieres vergleichen, welches „gefressen" wird. „Selbst wenn Milliarden in Glück und Zufriedenheit leben würden, wäre dies niemals eine Entschuldigung für die Ängste und Todesmarter der anderen Lebewesen."*

209

- *„Jeder Mensch spürt bis zu einem gewissen Grad anhand der eigenen Begehren, den Willen in sich herrschen".* Unser *„ICH"* wird von *„Begehrungen"* unterschiedlichster Art bestimmt, die von kleinsten Wünschen bis zu den stärksten Leidenschaften emporsteigen können.

„Erkenne dich selbst"

- *„Der Wille zum Leben, ist der Ursprung allen Leidens", welcher im Menschen nochmals eine neue Dimension erreicht hat.* Der Wille will mit blinder Gewalt leben, und das egal zu welchem Preis. In der Natur zeigt sich dies anhand der Lebewesen, welche allein dadurch weiter bestehen können, indem sie ein anderes *„verzehren". Im Menschen zeigt sich dies wiederum am deutlichsten, in seinem fast grenzenlosen „Egoismus" und „der Sucht nach Selbstzufriedenheit".*

- *„Der Mensch erschuf sich Gott nach seinem eigenen Abbild", jedoch als eine „optimierte" Version ihrer selbst.* Man könnte also daher sagen, dass „Gott" sich so vorgestellt wird, wie sich die Menschen auch eine „vollkommen gute" Version von sich selbst vorstellen.

Jedes Tier würde, wenn es denn eine „Gottesvorstellung" hätte, sich diesen so vorstellen, wie sich selbst. Jedoch ohne jegliche Makel.

- *„Unser Wesen, ist das Wesen der Natur und das Wesen der Natur ist wiederum, das Wesen des Willens".* Doch als Mensch „könnten" wir dieses Wesen im Vergleich zu den anderen Lebewesen „erkennen" und dadurch dagegen steuern.

- *„Tiere haben den Segen, allein in der Gegenwart zu leben".* Wir Menschen sind gedanklich oft in der „Vergangenheit" oder denken an die „Zukunft", dabei wird das Wichtigste und wirklichste oft vergessen, nämlich *„das ewige Jetzt".* Dadurch können wir in „drei Dimensionen" leiden *„Vergangenheit", „Gegenwart" und „Zukunft".* Die Tiere dagegen nur in einer, der Gegenwart.

- *Wir Menschen unterscheiden uns von den anderen Tieren durch unsere Fähigkeit der „abstrakten Vorstellung" und des „begrifflichen Denkens".* Der Nachteil hierbei ist allerdings, dass wir dadurch im Vergleich zu den Tieren auch von Gedanken „gequält" werden können. Denn Gedanken können nur bei Lebewesen entstehen, welche auch eine „begreifliche Sprache" besitzen. *Wenn Sie Gedanken erleben, wird dies stets in Form der „deutschen Sprache" geschehen, es sei denn Sie haben eine andere*

„Muttersprache" und/oder sprechen „mehrere" Sprachen.

- **„Der Egoismus der Menschheit kennt kaum Grenzen".** *Wir wollen unbedingt unser Leben „erhalten", es von allen „Schmerzen", „Mangeln" und „Entbehrungen" fern halten, wir wollen allein die „größtmögliche Summe von Wohlstand" und alle möglichen Arten von „Genüssen".* **„Ja wir versuchen sogar wegen dieser Sucht ganz neue Formen von Luxus und Genuss zu kreieren".** *Alles was sich unserem „Ego" entgegenstellt und unserem Wesen „wiederstrebt", erzeugt in uns „Unruhen", „Hass" sowie „Zorn".* **„Wir würden letztendlich alles dafür tun um das zu zerstören, was in uns diese Unruhe und Unzufriedenheit erzeugt".** *Wir wollen alles „besitzen" und alles in vollen Zügen „genießen", ganz nach dem Motto:* **„Alles für mich, nichts für die Anderen!".** *Da dies aber fast unmöglich zu erreichen ist,* **bleibt stets ein Teil der „nie stillbaren" „Unzufriedenheit" in uns weiterhin erhalten.**

- **„Das Ego des Menschen bremst ihn auf den Weg zur höheren Erkenntnis".** *Allein durch die Aufhebung der Illusion des Ichs, wird der Weg frei für die Erkenntnis.*

- **„Das wir überhaupt etwas wollen, ist unser größter Fehler."**

- **„Der Wahn der Eigenheit", ist der Grund weshalb der Mensch nicht erkennt, dass er in Wirklichkeit Eins mit allem ist.** *Dieser Wahn führt ihn in ein Leben, welches in einer Art Verließ gelebt wird* **„Alles was ist, bist letztendlich du selbst."** *Wenn dieser Satz verstanden wurde, kann er als Schlüssel genutzt werden um dieses Verließ zu verlassen.*

- **Der Wahn von „Ich" und „mein", könnte man als die wahre Erbsünde des Menschen bezeichnen,** *denn an ihr ist er zu Lebzeiten gebunden und wird dadurch „blind" für die „Einheit" von allem.*

- **„Die Erscheinung des Willens wurde durch den Menschen komplexer".** *Dadurch wurde aber auch das Leiden immer mehr und deutlicher erkennbar.* **Doch wir Menschen haben gelernt genau dies zu „verdrängen" und zu „überspielen".** *Obwohl dies zu erkennen doch eigentlich eine wertvolles „Geschenk" ist um dagegen etwas tun zu können.* **„Denn nur wer erkennt, kann auch demensprechend handeln".**

„Selbstverständlich möchte ich dies nicht verallgemeinern und dadurch automatisch jedem Menschen unterstellen, doch letztendlich sollte jedem klar geworden sein, dass die zuvor genannten Dinge, dennoch auf einen großen Teil der Menschheit zutrifft."

Kapitel 8

Das System

DAS SYSTEM

In diesem Kapitel werden wir uns mit mehreren Themen beschäftigen, welche im Gesamten betrachtet deutlich ein System erkennen lassen, ein System welches enormen Einfluss darauf hat, was auf dem Planeten Erde geschieht.

Mittlerweile schon im 8. Kapitel angelangt, sollte es für Sie ja nun nicht mehr so überraschend sein zu erkennen, dass die Dinge nicht unbedingt immer so sind, wie sie uns auf dem ersten Blick erscheinen mögen. Trotzdem möchte ich Sie nochmals darauf aufmerksam machen, dass auch diesmal wieder enorm an Ihrem bisher gewohnten Weltbild gerüttelt werden könnte.

Dennoch sind die in diesem Kapitel zusammengefügten Informationen viel zu relevant, als das man sie außer Acht lassen könnte. Ich hoffe Sie werden erkennen, dass dies alles auch unmittelbar mit Ihnen etwas zu tun hat, genau so wie es einen jeden Anderen von uns betrifft. Ich hoffe daher, dass Sie versuchen werden, diese Informationen so gut wie möglich an andere Menschen weiterzuleiten. Auch wenn dies nicht immer einfach ist und meistens sogar etwas undankbar, dennoch hat jeder Mann, jede Frau und auch jedes Kind die Chance verdient, das System zu erkennen und dadurch dessen Zusammenhänge zu verstehen.

Alleine sind wir zwar schwach, doch halten wir erst einmal alle

zusammen, könnte es durchaus möglich sein die Erde doch noch in

einen besseren Ort zu verwandeln. Damit zumindest unsere

Nachkommen das Leben einmal so erfahren und genießen können,

wie es für die Meisten von uns leider nie möglich war:

„Frei von jeglicher Unterdrückung."

Beginnen wollen wir mit dem Geldsystem denn:

„Geld erzeugt Macht und Macht erzeugt Geld."

Die Beziehung zwischen Geld und Gold

Früher bezahlte man alles mit „Edelmetallen" wie Gold, Silber, und

Kupfer. Weil diese aber recht unhandlich und schwer waren,

bildeten sich die ersten Vorläufer der heutigen Banken. Diese

versprachen z.B. das Gold für den Besitzer gegen eine kleine

Gebühr „aufzubewahren" und ihm dafür eine „Quittung"

auszustellen welche diesem eingelagerten Wert entsprach.

„Genau aus dieser Idee heraus hat sich letztendlich das

heutige Papiergeld entwickelt."

Für jede Quittung die ausgestellt wurde, musste

verständlicherweise auch immer der gleiche Wert an Edelmetallen

vorhanden sein, meistens in Form von Gold.

Später wurde dies „die Goldbindung" genannt.

Nach einer Weile bemerkten diese ersten Bankiers jedoch, dass sie nun wesentlich mehr Edelmetalle für ihre Kunden aufbewahrten als diese letztendlich wieder abholten.

*Also fingen sie an, diese Edelmetalle zu „**verleihen**" und einen Gewissen „**Zinssatz**" dafür zu veranschlagen.*

Sie (Die Bankiers) machten also Geschäfte mit Dingen, die ihnen in Wirklichkeit gar nicht gehörten und konnten dadurch buchstäblich „Geld aus Luft" erzeugen.

Etwas später viel ihnen allerdings noch eine bessere Idee ein, denn diesen „Betrug", welchen sie da schließlich begangen reichte ihnen noch nicht und war zudem sehr riskant.

„Daher fingen sie einfach an die Quittungen zu fälschen." Das heißt, sie haben Quittungen erstellt die „nicht gedeckt" waren. Was bedeutet, dass der Wert welcher auf der Quittung angegeben war, als „realer Wert" in Form von Gold, Silber oder Kupfer überhaupt nicht existierte.

*Da sie für diese „**gefälschten**" Quittungen welche sie verliehen, natürlich auch einen „**Zinssatz**" verlangten, konnten sie nochmals zusätzlich ihre **eigenen Taschen** füllen.*

Weil sich im Laufe der Zeit die Menschen an die
Quittungen gewöhnt hatten und ihnen dies besser gefiel
als immer diese schweren und unhandlichen
Edelmetalle mit sich rum zu tragen, konnte der Betrug
nicht auffallen.

„Denn niemand kontrollierte, ob die Bestände der Edelmetalle
welche in den Banken gelagert wurden tatsächlich mit den
herausgegebenen Quittungen übereinstimmten."

„Der Betrug hätte nur dann auffallen können, wenn alle
Menschen gleichzeitig ihre Quittungen wieder gegen
einen <u>realen</u> Wert
(die Edelmetalle) hätten eintauschen wollen."

Aufgrund der oben genannten Gründe der Gewohnheit und
Gemütlichkeit der Menschen ist dies natürlich niemals
passiert. Sie waren ja auch schließlich zufrieden mit diesem
neuen System, denn wer will schon immer einen Sack voller
schwerer Edelmetalle mit sich rum schleppen?
Die Quittungen waren ihnen einfach viel lieber und dadurch
war der Betrug schon fast perfekt.

Seit dem „15. August 1971" findet dieser Betrug jedoch
nochmals in einem neuen Ausmaß statt. Denn genau an
diesem Tag wurde der Betrug, zumindest für Amerika,

vom damaligen Präsidenten „Richard Nixon"

„legalisiert".

„Was also zuvor im Verborgenen geschah, konnte nun ohne jegliche Gefahr und völlig legal von statten gehen."

„Amerika" hatte nämlich das Problem, dass ihr Goldbestand zu der damaligen Zeit nur noch bei *ca. 8.000 Tonnen* lag. Dies entsprach einem Wert von *ca. 10 Milliarden Dollar.* Doch aufgrund des *„Vietnamkrieges",* in welchem sich die USA in den 60er Jahren einmischten, hatten diese bereits *ca. 60 Milliarden Dollar „Auslandsschulden"* angehäuft. Amerika hatte also ein massives Geldproblem und dadurch ließ Präsident Nixon den Dollar vom Gold *„abkuppeln"* und *„legalisierte"* somit

„die Aufhebung an die Goldbindung"

und somit auch

„die Geldfälschung".

In den darauffolgenden Jahren folgten natürlich auch viele andere Nationen diesem Beispiel.

„Seitdem ist Geld nichts Weiteres mehr, als eine riesengroße Verarsche."

Die Zentralbanken

„Eine Zentralbank ist die Einrichtung, welche die Währung einer ganzen Nation kontrolliert und produziert."

Doch sie produzieren das Geld nicht einfach nur für eine Gesellschaft, sondern sie verleiht es an diese und das mit einem gewissen Prozentsatz an Zinsen.

Das Problem hierbei ist jedoch offensichtlich, wenn alles Geld von der „Zentralbank" kommt und diese es inklusive Zinsen zurück haben will,

„woher kommt dann das Geld für die Zinsen?"

Ganz einfach, das Geld für die Zinsen kann auch wieder nur von der Zentralbank kommen und natürlich von uns Steuerzahlern.

Dies bedeutet, dass die „Zentralbank" ständig mehr Geld „erzeugen" und „verleihen" muss, damit die Regierung inklusive der Hilfe von uns Steuerzahlern, die bei ihr entstandenen Schulden wieder zurückzahlen kann.

Doch dieses neue geliehene Geld welches ja für die Schulden vorgesehen ist, wird ja nun auch wieder verzinst, so entstehen schließlich immer wieder neue Schulden.

„Ein ewiger Kreislauf."

„Wichtig zu verstehen ist hierbei die Tatsache, dass die Zentralbanken unabhängig von jeglicher Regierung agieren."

Dies kommt dadurch, weil jede Zentralbank eine **„Privatbank"** ist.

„So sollte ursprünglich verhindert werden, dass die jeweilige Regierung, selbstständig über die Menge und Druck des Geldes bestimmen kann."

„Eine Zentralbank darf daher keinerlei Anweisungen der Regierung oder der Mitgliedsstaaten entgegennehmen."

Dies bedeutet ganz einfach gesagt, dass eine Zentralbank im Großen und Ganzen ihr eigener Chef ist.

Die Bezeichnung einer jeweiligen Zentralbank versucht dies natürlich geschickt zu vertuschen, denn wer würde schon bei „Bank of England" oder „Europäische Zentralbank" vermuten, dass diese sich in „Privatbesitz" befinden?

Die Mindestreserveverpflichtung

Nur ein winziger Teil allen Geldes welches sich im Umlauf befindet muss tatsächlich in *Gedruckter Form* vorhanden sein, wie viel dies ist bestimmt die *„Mindestreserveverpflichtung"*.

- *In Europa beträgt dieser Mindestsatz 1%.*
- *In den USA sind es 10%.*

„Dies bedeutet das in Europa 99% und in den USA 90% des Geldes überhaupt nicht in gedruckter Form vorhanden sind, sondern lediglich in einem Computersystem existieren."

Beispiel: Wenn Sie nun also in einer „europäischen" Bank einen Kredit von 10.000€ aufnehmen, müssen nur 100€ davon wirklich als gedrucktes Geld existieren. 9.900€ existieren wiederum nur in „digitaler Form"

Und das Verrückteste hierbei ist, dass diese 9.900€ vor der Kreditaufnahme gar nicht existiert haben, sondern erst durch die Kreditvergabe in Form eines „Buchungssatzes" entstanden sind.

Wenn wir nun einmal davon ausgehen, dass die Bank 5% Zinsen von Ihnen verlangt, für Geld welches zum Hauptteil gar nicht wirklich existiert, wäre das eine Gewinnspanne von 10.400€.

Denn 5% Zinsen von 10.000€ sind 500€ und da ja die 9.900€ von der Bank buchstäblich aus dem Nichts gezaubert wurden, Sie aber 10.500€ zurückzahlen müssen, ergibt das eine Gewinnspanne von 10.400€. Die 100€ müssen wir ja hierbei abziehen, weil diese ja tatsächlich in gedruckter Form vorhanden sein müssen.

Wenn Sie sich nun fragen sollten, weshalb es dann unter Umständen trotzdem so schwierig ist einen Kredit zu bekommen, obwohl für die Bank ja fast überhaupt kein Risiko besteht, hier die ganz einfache Antwort:

„Weil diese ganzen Betrügereien, den Bürgern ja nicht auffallen sollen."

Lange Rede kurzer Sinn, letztendlich bleibt immer die jeweilige Zentralbank der Herr und Meister über das gesamte Geld denn...

- *Sie bestimmt über die Geldmenge welche sich im Umlauf befindet.*
- *Sie druckt das Geld.*
- *Sie Bestimmt den Zinssatz.*
- *Sie agiert unabhängig jeglicher Regierung.*

Wer also die Zentralbank kontrolliert, der herrscht auch über das Geld und somit über fast alles auf diesem Planeten.

Lassen Sie uns aus diesem Grunde doch einmal schauen wer da wirklich hinter den Kulissen der Zentralbanken steckt.

Die Rothschilds

„Die Familie Rothschild ist eine Bankiersfamilie jüdischer Abstammung welche bereits Mitte des 19.Jahrhunderts die Bankgeschäfte Europas eindeutig dominierte."

Sie lernten sehr schnell, dass es wesentlich profitabler für sie war, ihr Geld an *„Könige und Regierungen"* zu verleihen, anstatt nur an Privatpersonen. Dieses Angebot wurde von der Obrigkeit auch sehr gerne und oft genutzt, um dadurch ihre *„persönlichen Ziele"* umsetzen zu können. Aus diesem Grunde waren die Rothschilds wohl damals schon eine der reichste Familien, und so etwas wie die erste private Zentralbank der modernen Welt.

Getreu nach dem Motto:
„Wer das Geld eines Landes produziert und kontrolliert, dem kann es egal sein, wer dessen Gesetze macht."

„Wenn eine Regierung auf das Geld der Banken angewiesen ist, sind in Wirklichkeit die Bankiers an der Macht und nicht die Regierung."

Einen großen Teil ihrer Macht hat die Rothschild Familie sich im *Juni des Jahres 1815* durch einen genialen Schachzug gesichert. Als *Nathan „Rothschild"* die *„Schlacht bei Waterloo"* in welcher *„Napoleon Bonaparte"* besiegt wurde, ausnutzte um ganz England reinzulegen.

„Der Trick war, dass die Rothschilds einen ihrer Agenten namens Rothworth, nördlich des Schlachtfelds, nahe dem Ärmelkanal platzierten, welcher dann als er sich sicher sein konnte wer diese Schlacht gewinnen würde, sofort die Heimreise antrat, um der Familie Rothschild Bericht zu erstatten."

Durch diesen Trick wussten die Rothschilds schon über 24 Stunden vor allen anderen Bescheid, wer diese Schlacht gewinnen würde.
(England hatte gewonnen, Frankreich verloren.)

Somit blieb ihnen genügend Zeit um das „Gerücht" verbreiten zu können, dass England die Schlacht „verloren" hatte.

Dies taten sie, weil wenn Napoleon gewonnen hätte, die „finanzielle Lage Großbritanniens" wirklich katastrophal gewesen wäre.

Aus diesem Grunde fingen alle plötzlich an, ihre

„britischen Staatsanleihen" zu verkaufen und das zu immer geringer werdenden Preisen.

Die Rothschilds wiederum begannen nun genau diese Anleihen von ihren Agenten „aufkaufen" zu lassen, denn sie wussten ja schließlich als Einzige die Wahrheit über den Ausgang der Schlacht und das in Wirklichkeit nicht Frankreich, sondern doch „England" gewonnen hatte.

Durch diese **geniale Täuschung** war es ihnen nicht nur innerhalb weniger Stunden gelungen, plötzlich **die „alleinigen Herrscher" des Anleihenmarktes zu werden,** sondern nun besaßen sie zudem noch die **„Zentralbank von England."**

Ungefähr ein Jahr später erstellte der amerikanische Kongress wohl weise vorrausschauend ein Gesetz welches verbot das es eine private US-Zentralbank geben darf. Doch die Rothschilds wollten sich mit diesem Beschluss nicht abfinden, schließlich wollten sie ja nun auch noch die USA übernehmen. Zudem waren sie bei ihren Zielumsetzungen weder ungeduldig noch machten sie oft irgendwelche Fehler. Zur Not würden halt die Nachkommen das beenden, was ihre Vorfahren begonnen hatten und genau dies taten sie dann schließlich auch.

„Im Jahre 1910 wurde für dieses Ziel ein geheimes Treffen in J.P.
Morgans Anwesen auf Jekyll Island, an der Küste von Georgia
abgehalten."

J.P. Morgan war ein einflussreicher Bankier und wurde
während des ersten Weltkrieges als reichster Mann
Amerikas angesehen. In Wirklichkeit war er allerdings
ein treuer Gefolgsmann der Familie Rothschild.

Dieses Treffen war geheimer als geheim und es wurde mit
allen Mitteln versucht, es vor dem Rest der Welt verborgen zu
halten. Die ca. 10. Teilnehmer gaben sich hierfür sogar
Codenamen, sie waren vermutlich allesamt die reichsten und
mächtigsten amerikanischen Männer ihrer Zeit. Die
Rothschilds waren selbstverständlich ebenfalls vertreten.

Ziel des Treffens war es, eine gezielte Wirtschaftskriese
in Amerika auszulösen, um dann auf diesem Wege doch
noch dafür sorgen zu können, dass eine private US-
Zentralbank in ihrem Besitz entstehen kann.

Nachdem diese Krise mit der gesamten Finanzkraft von J.P.
Morgan und dessen Freunden *„künstlich"* eingeleitet wurde
und die zuvor geplante Wirkung unter der Bevölkerung wirklich
eintraf, sollte schließlich die zukünftige *private US-*
Zentralbank (Federal Reserve) mit der Hilfe des verbündeten
Senators *Nelson Aldrich*

227

(er wurde später durch Heirat ein Teil der bekannten

Rockefeller Familie)

vorgeschlagen und empfohlen werden.

Genau dies geschah dann schließlich auch am *23.12.1913*
als die Mehrheit der Kongressabgeordneten bereits
Zuhause bei ihren Familien waren.

Für die endgültige Durchsetzung sorgte dann letztendlich der
28. Präsident der Vereinigten Staaten *Woodrow Wilson!*
(Eigentlich blieb ihm aber auch keine andere Wahl, weil er zuvor um
Präsident werden zu können, buchstäblich seine Seele an die
Bankiers verkauft hatte welche ihn dafür im Gegenzug aufgrund
ihrer fast grenzenlosen Macht zum Präsidenten machten.)

Auf diesem Wege war es den Bankiers, natürlich angeführt
von den Rothschilds, doch noch gelungen eine US-
Zentralbank namens Federal Reserve ihr Eigen nennen zu
können.

Die Rothschilds besaßen ab diesem Zeitpunkt also nicht
nur die Zentralbank von England, nun waren sie auch
noch massiv an dem Besitz der amerikanischen
Zentralbank beteiligt.

Die europäische Zentralbank

Nun gut, wem also die US-Zentralbank sowie Englands Zentralbank gehört dürfte ja mittlerweile geklärt sein, doch wie sieht es mit der *europäischen Zentralbank* aus?

„Die Eigentümer der europäischen Zentralbank sind alle Zentralbanken der europäischen Union."

Das bedeutet: *Wer also entweder alle oder zumindest die Mehrheit der Zentralbanken von unseren EU Mitgliedstaaten besitzt, der besitzt somit auch die* **europäische Zentralbank.** Und jetzt raten Sie mal wer die Mehrheit dieser Zentralbanken besitzt?

Richtig die Familie Rothschild.

Wie dies geschehen konnte?
Ganz einfach...

...Die Familie Rothschild wusste schon immer ganz genau wie sie sich bei Königen und Regierungen beliebt machen konnten, denn wenn andere Banken die finanzielle Zwangslage eines Staates ausnutzen wollten, waren sie zur Stelle um den heiligen Samariter zu spielen.

Das Einzige was sie im Gegenzug dafür verlangten waren: „Exklusive Staatsanleihen ohne Partner."

Durch ihre sehr gerissene und trügerische großzügige Art, war es schließlich ein leichtes für sie, sich eine Zentralbank Europas nach der anderen zu krallen. Im Gegenzug dafür waren sie stets sehr locker was die Vergabe des Geldes betraf.

„So hatten schließlich alle etwas davon, doch am meisten wohl die Rothschilds."

Das private Vermögen der Familie Rotschild wird mittlerweile auf mindestens 500 Milliarden USD geschätzt.
500.000.000.000$

Sie können sich das nicht vorstellen?
Macht nichts, genau das war auch niemals deren Absicht.

Die völligen Alleinherrscher sind die Rothschilds dennoch nicht, oder eher gesagt sie lassen auch noch andere Bankiersfamilien mitspielen.

Genauer gesagt sind es 6. Familien welche man aber als eine einzige Großfamilie betrachten kann. Die Rothschilds stellen hierbei das Familienoberhaupt dar, wobei die Rockefellers als deren rechte Hand agieren!

Familienmitglieder in Europa:

- **Die Rothschilds**
- Die Warburgs
- Die Schiffs

Familienmitglieder in den USA:

- **Die Rothschilds**
- **Die Rockefellers**
- Die Aldrichs
- Die Morgans

Das Eigentum der Großfamilie

Was diese Familien mittlerweile alles besitzen und somit auch kontrollieren ist wohl kaum vorstellbar, sicher ist jedoch, dass ihnen zwar nicht alles gehört, aber zu mindestens die Dinge welche sie benötigen um genügend Kontrolle ausüben zu können.

Hier nun mal eine kleine Aufzählung ihres Besitzes:

- *Die europäische Zentralbank*
- *Die US–Zentralbank*
- *Die US- sowie EU-Regierungen*
- *Das Gold*
- *Die Kohlegebiete*
- *Das Öl*
- *Das Gas*
- *Die Atomenergie*
- *Teile der weltweiten Wasserversorgung*
- *Große Teile der Landwirtschaften*
- *Große Teile der Pharmaindustrie*
- *Die Medien / Zeitungen, Nachrichten, Fernsehsender*
- *Das Bildungssystem*
- *Überwachungseinrichtungen*

Diese Familien haben aufgrund ihres enormen Reichtums
sowie ihrer daraus resultierenden Macht theoretisch gesehen
die Möglichkeit alles zu besitzen was sie möchten.
Grenzen sind ihnen zumindest im Westen keine auferlegt.

*„Sie besorgen sich das, was für sie als wichtig erscheint
und wichtig ist für sie stets das, was ihnen Kontrolle
bringt."*

Hierbei spielt es auch keine Rolle wem von diesen Familien was gehört, letztendlich bilden sie sowieso eine Eingeschworene Einheit. Und selbst wenn ihnen einmal etwas nicht gehören sollte, dann gehört dies zumindest Jemandem dem sie finanziell unter die Arme gegriffen haben. Um dies erlangen zu können, lassen sie sich also nicht von irgendwelchen Vorstandsmitgliedern täuschen. Letztendlich haben immer nur diese Familien ihre Finger im Spiel, natürlich stets angeführt von den Mächtigsten aller Familien

den Rothschilds!

Das Endziel

Diese Familien haben also grenzenlosen Besitz und unvorstellbare Macht, doch was ist letztendlich der eigentliche Sinn der dahinter steckt? Welche Ziele verfolgen sie?

Ganze einfach...

...die Weltherrschaft

Und warum?

...weil sie es können!

Stellen Sie sich hierfür einfach einmal vor, dass Sie so viel Geld besitzen das sie sich ohne weiteres die halbe Erde kaufen könnten, gepaart mit kaum zu befriedigender

Langeweile, grenzenlosem Größenwahn sowie der Gier immer mehr Kontrolle und Besitz haben zu wollen.

Was gäbe es da besseres als die Herrschaft über die Welt anzustreben um auf diesem Wege „Gott auf Erden" spielen zu können?

Wie Sie dieses Ziel versuchen umsetzen, haben wir ja nun schon ein wenig erfahren, doch ganz ohne Hilfe kann selbst Ihnen dies nicht gelingen. Doch zum Glück sind da ja noch ein paar andere größenwahnsinnige Menschen mit Macht und Einfluss auf diesem Planeten. Und diese wollen ja schließlich auch ein Stück vom Kuchen haben, selbst wenn es noch so winzig ist.

Die Bilderberger

Die Bilderberger sind wohl das Zentrum aller Geheimvereinigungen, kaum einer hat schon einmal von ihnen gehört, was wohl daran liegt weil die Mitglieder, die wohl mächtigsten und einflussreichsten Personen der westlichen Welt sind. Vergessen Sie die Freimaurer, die Illuminati oder Skull and Bones… Das Einzige was wirklich Einfluss und Bedeutung für uns hat, ist das was auf den jährlichen Treffen der Bilderberger entschieden wird.

Das erste Treffen der Bilderberger fand vom 29. bis zum 31. Mai 1954 im niederländischen Hotel „de Bilderberg"

statt

(Daher auch der Name Die Bilderberger).

Ca. 80 Teilnehmer aus aller Welt waren daran beteiligt, natürlich nur die Höchsten der Höchsten.

Ins Leben gerufen wurde dieses Treffen von einem Herrn namens *Joseph Hieronim Retinger* welcher ein sehr einflussreicher Mann seiner Zeit wahr, obwohl er niemals viel Geld oder ein hohes Amt hatte, doch die Elite schien ihn zu mögen weil sein Verstand messerscharf war und er enorm viele Ideen hatte welche den hohen Herrn anscheinend zusagten.

Das eigentliche Ziel von Joseph Hieronim Retinger war es, mit Hilfe dieser Treffen Europa zu vereinigen und eine Verständigung sowie Zusammenarbeit zwischen den USA und Europa einzuleiten.

Er wusste natürlich, dass dies nur möglich war, wenn er die mächtigsten Persönlichkeiten beider Seiten zunächst gemeinsam an einen Tisch brachte, um dann zu versuchen, sie möglichst auf ein einheitliches Ziel zu konzentrieren.

- *Es sollte eine internationale Versammlung sein welche jedoch unabhängig von jeder Nationalität, Regierung und politischer Partei agiert.*

- *Jeder Teilnehmer sollte als Privatmann vor Ort sein und daher nicht als Repräsentant eines Landes oder einer Regierung fungieren.*

- *Sozusagen ein privates Treffen der Mächtigsten unter neutralen Bedingungen.*

Der ursprüngliche Plan Retingers war es, mit Hilfe dieser Treffen dafür zu sorgen, dass die mächtigsten Persönlichkeiten der westlichen Welt beginnen gemeinsam an einem Strang zu ziehen.

Damit auf diesem Wege Spannungen und Missverständnisse untereinander gelöst werden konnten.

Er dachte sich, wenn die Mächtigsten unter neutralen Umständen an einem Ort versammelt sind und somit offen und ehrlich in lockerer Atmosphäre miteinander reden konnten, das es dann weniger Probleme unter der Elite geben wird.

Denn ein Jeder von ihnen sollte als Privatperson erscheinen und somit offen und ehrlich dem Anderen seine persönliche Meinung sagen können, ohne irgendwelche politische Konsequenzen deswegen erwarten zu müssen.

Zudem sollten während der dreitägigen Treffen gemeinsame Pläne geschmiedet werden, die dem Wohl aller Menschen dienen sollten. Er hat also genau das Gegenteil von dem gewollt, was mit der Zeit aus diesen Treffen geworden ist.

Gute Absichten grausame Folgen...

Das Fatale an diesen Treffen war nämlich, dass diese Elite zwar im Laufe der Zeit anfing gemeinsame Interessen zu entwickeln und somit auch ihre Zusammenarbeit begann, doch hatten nur die Wenigsten von ihnen solche ehrenvollen Ziele, wie sie sich Retinger ursprünglich einmal gedacht hatte. Im Gegenteil war es jetzt nämlich so, dass durch diese Treffen wo so viel Macht konzertiert war, ein gigantisches nicht aufzuhaltendes Monster entstand.

Wirklich überraschend war dies natürlich nicht, wenn sich einmal im Jahr jeweils für drei Tage die Führungselite zu einem „Kaffeekränzchen" versammelte um sich gegenseitig auszutauschen und gemeinsame

Pläne zu schmieden. Doch vielleicht war Retinger

einfach zu blauäugig und hat zu sehr an das Gute im

Menschen geglaubt.

Im Laufe der Jahre hat sich natürlich einiges geändert, mittlerweile kann man wohl eher behaupten, dass dieses Treffen nur noch dazu dient, um die Interessen der Rothschilds sowie Rockefellers umzusetzen:

Die Kontrolle über die Welt!

Allgemein wird sowieso davon ausgegangen, dass neben der festen Stammbesetzung der Bilderberger nur noch solche Personen eingeladen werden welche ihre Loyalität für die Rothschilds bereits unter Beweis gestellt haben. Und wie Sie sich sicher vorstellen können, sind das nicht gerade wenige (ca. 120 Personen bei jedem Treffen der Bilderberger) denn jeder möchte ja schließlich ein Stück oder zumindest ein Krümel von der Welt abhaben. Personen die diese Ziele nicht unterstützen wollen oder aus denen keinen Nutzen mehr gezogen werden kann, bekommen einfach keine Einladung mehr zu diesem Treffen.

Die Ziele der Bilderberger

Die Bilderberger / Rothschilds wollen in erster Linie nur Eines erschaffen *„eine neue Weltordnung"* welche von einer

Superregierung, bestehend aus der Elite der westlichen Welt geleitet wird.

!!!Das bedeutet letztendlich, von ihnen selbst!!!

Dazu benötigen sie:

- *Eine einzige Weltwährung zur besseren Kontrolle des Geldes. (Der Euro war hierzu erst der Anfang.)*
- *Eine einzige Supernation bestehend aus den USA und Europa. (Die Gründung der europäischen Union am 1. November 1993 fand allein für dieses Ziel statt.)*
- *Absolute Gleichstellung und Kontrolle der Bevölkerungen. (Nationalitäten sollen abgeschafft werden.)*
- *Vollkommende Überwachung aller Menschen. (Auch diese Umsetzung befindet sich bereits im vollen Gange.)*
- *Abschaffung der Demokratie. (Wobei dies ja schon längst gelungen ist.)*
- *Verhinderung einer zusammenhaltenden Selbstbewussten sowie kritisch denkenden Bevölkerung. (Wie ihnen dies gelingt schauen wir uns jetzt als nächstes einmal an.)*

Das Bildungssystem

Schule soll Bilden!
Dies ist wohl der größte Irrtum dem man überhaupt erliegen kann.

Denn in erster Linie soll Schule nur eines tun:
Alle Kinder absolut gleich schalten und mit so viel unnützem Wissen vollpacken, dass ihnen gar keine Zeit und Lust mehr bleibt um über wirklich sinnvolle Dinge nachzudenken.

Das Prinzip ist hierbei ganz einfach, stellen Sie sich einmal eine 1. Klasse mit ca. 30 Kindern vor. Diese Kinder kommen gerade erst aus dem Kindergarten und sind noch sehr wissensdurstig, ja sie freuen sich sogar und sind stolz darauf jetzt in die Schule gehen zu dürfen. Jedes dieser 30. Kinder in dieser Klasse ist zunächst vollkommen verschieden und auf seine eigene ganz bestimme Art einzigartig. Jedes dieser Kinder hat bestimmte Stärken und Schwächen, keines von ihnen wurde dumm geboren.

Nun verlangt das System jedoch, dass jedes dieser zuvor einzigartigen Kinder in den nächsten 10. Jahren vollkommen gleich geschaltet wird. Alle sollen das Gleiche wissen haben, gleich denken und handeln sowie in jedem Schulfach zumindest durchschnittlich gut sein.

Der Lehrer dient hierbei als absolute Autoritätsperson, damit die Kinder sich schon einmal an solch ein totalitäres System für ihr gesamtes späteres Leben gewöhnen können!

- *Was der Lehrer sagt ist Gesetz.*
- *Was der Lehrer sagt soll und muss bedingungslos geglaubt werden.*
- *Fragen die der Lehrer nicht beantworten kann sind unwichtige Fragen.*
- *Fragen die nicht zum Unterricht gehören sind ebenfalls unwichtige Fragen.*
- *Nur der Lehrer kennt die richtigen Antworten und Lösungen.*
- *Denkweisen welche der Lehrer nicht vertritt oder von der Norm abweichen sind falsch.*
- *Zu viel hinterfragen gilt als störend. „Du sollst dir keine eigenen Fragen stellen, du sollst das denken und glauben, was der Lehrer dir vorgibt."*
- *Du entwickelst dich nicht so wie alle anderen in der Klasse also bist du dumm, schwerfällig und oder anstrengend.*

Im eigentlichen Sinne sollen die Kinder in der Schule nichts lernen, sondern lediglich vereinheitlicht und von den wirklich wichtigen Dingen des Lebens abgelenkt werden.

„Denn für das System ist es am besten, wenn alle Menschen so gleich wie möglich geschaltet sind.“

- *Die Kinder sollen in der Schule nicht selbständig und kritisch denken, denn selbstständiges Denken ist unerwünscht. Die Kinder sollen das denken, was ihnen der Lehrer sagt und nichts anderes.*
- *Du sollst nicht anders sein wie der Rest der Klasse, fällst du zu sehr aus der Norm raus, bist du für die Lehrer zu anstrengend.*
- *Wenn du zu oft kritische Fragen stellst oder Sachen hinterfragst anstatt das Gerede des Lehrers bedingungslos zu schlucken, bist du ebenfalls zu anstrengend.*
- *Die Schule soll dafür sorgen, dass Kinder unter massivem Leistungsdruck gesetzt werden.*
- *Sie sollen den Spaß am Lesen und am Lernen verlieren.*

- Am besten sollen sie das selbständige und kritische Denken ganz aufhören.

- Sie werden mit Unmengen an total unnützem Wissen zugeschüttet. Wissen, das kein Mensch braucht.

Und wozu das alles...?

...damit die Kinder so sehr mit unnützen Dingen beschäftigt sind, so dass sie so wenig wie möglich Zeit haben um über die wirklich wichtigen Dinge des Lebens nachdenken zu können oder gar wollen.

„Kinder sollen in der Schule lediglich so lange abgelenkt werden, bis sie alt und abgestumpft genug sind, um wie Maschinen ihr Leben lang arbeiten gehen zu können."

Ihnen wurde doch bestimmt auch immer vorgegaukelt, dass Sie unbedingt gute Noten haben müssen damit sie etwas erreichen können und wenn sie diese nicht haben, seien Sie dumm und werden nie was erreichen.

„SCHWACHSINN!"

Noten zeigen lediglich wie brav ein Schüler den Unsinn auswendig gelernt hat welchen man in der Schule als ach so wichtig verkauft, mehr sind Tests und Prüfungen ja auch nicht. Man hämmert sich diese Themen in den Kopf um sie dann während einer Prüfung wieder „auszukotzen" und dann

sowieso wieder zu vergessen.

„Die Noten zeigen lediglich wer von den Schülern diesen Unsinn des ewigen Auswendiglernens am besten bewerkstelligen konnte."

Fassen wir also nochmal zusammen:

Ich behaupte nicht, dass Schule in jeder Hinsicht totaler Unsinn ist, zumindest nicht in den ersten 4 Jahren. Aber ab dann und leider zu einem kleinen Teil auch davor schon, ist es nur noch reine *„Massenmanipulation."*

Der Staat versucht sich lediglich perfekte Arbeitsmaschinen zu erschaffen denen der Spaß am Lesen, Lernen und selber denken ausgetrieben wurde.

Die Kinder werden bis sie bereit für ein lebenslanges Arbeiten sind, mit so viel Müll zugeschüttet der ihnen keinen Spaß macht und dessen Sinn dies überhaupt wissen zu müssen, noch nicht einmal klar erkennbar oder nachvollziehbar für sie ist, so dass ihnen gar keine Zeit und Lust mehr bleibt um z.B. über den Sinn des Lebens oder zumindest vergleichbare wirklich wichtige Themen nachzudenken.

Und seien Sie doch mal bitte ganz ehrlich zu sich selbst, welche von den Unmengen an Informationen die Ihnen in 10. Jahren Schulzeit vermittelt wurden wissen Sie bis heute noch bzw. welche davon haben Sie wirklich für ihr Leben gebrauchen können?

Materialismus

Ein weiteres Mittel um die Bevölkerung unter Kontrolle zu halten ist der Konsumwahn. Der Mensch wird überflutet mit Dingen die er begehren kann, aber letztendlich eigentlich überhaupt nicht braucht. Merken tuen dies leider nur die Wenigsten, die Gier nach illusionärem Status und Besitz ist bei den Meisten dafür leider viel zu stark ausgeprägt um das Manipulative an diesem System durchschauen zu können.

Eigentlich ist es recht simpel, um den Menschen abzulenken und beschäftigt zu halten, muss man ihm lediglich eine Flut an begehrenswerten Objekten anbieten nach denen er sich verzehren kann. Um ihm auf diesem Weg einen Sinn zu geben warum es sich zu leben und zu arbeiten lohnt z.B. *Autos, Schmuck, Fernseher, Kleidung, Handys, Häuser, Computer, Videospiele usw....*

Wie bei einem Esel, dem man eine Möhre vor die Nase hält damit er immer weiter läuft, obwohl er eigentlich schon total erschöpft ist.

Als nächstes muss man den Menschen etwas geben, womit sie diese Dinge erwerben können, in unserem Fall wäre das

Geld. Vielleicht fällt Ihnen auch hier schon das „Dilemma der Menschheit" auf, denn abgesehen von einer Unterkunft und Nahrung ist der Mensch allein deshalb so gierig nach Geld, weil ihm ja so vielerlei Dinge angeboten werden welche er zwar überhaupt nicht braucht aber dennoch unbedingt haben muss.

(Zumindest wird uns dies so eingeredet oder wir reden es uns selbst ein.)

Jetzt muss man den gierigen Menschen nur noch eine Möglichkeit anbieten, wie sie an das nun ja so plötzlich wichtig erscheinende Geld gelangen können. Arbeit ist hier das Stichwort, der Mensch geht arbeiten weil er Geld braucht und er braucht Geld um seine Unterkunft sowie Nahrung erwerben zu können, dies klingt ja soweit auch nachvollziehbar doch ist der Hauptgrund für das Arbeiten weder die Wohnung oder die Nahrung. Sondern eher weil er sich diese ganzen sinnlosen Sachen am 1. eines Monats kaufen will, sozusagen als Belohnung dafür, weil er ja jetzt einen Monat hart dafür gearbeitet hat.

Das Witzige daran ist, dass der Mensch ja letztendlich nur so hart arbeiten muss, weil er ja eben diese ganzen Sachen haben will. Es ist für ihn also gleichzeitig der Hauptgrund und die Belohnung für das viele Arbeiten.

„Der Mensch arbeitet hauptsächlich um sich sinnlose Dinge kaufen zu können. Gleichzeitig kauft er sich jedoch diese sinnlosen Dinge um sich für die getane Arbeit belohnen zu können."

Durch diesen materiellen Wahn, hat der Mensch sich abhängig vom Geld gemacht und ist aus diesem Grunde dazu verflucht sein Leben lang ständig zu arbeiten.

Überlegen Sie doch einmal mit wie wenig Geld ein Jeder von uns auskommen könnte, wenn wir unseren Besitz auf das Nötigste reduzieren würden.

„Eine kleine Wohnung, ein bisschen was zu Essen und Kleidung und das Leben ist doch schon vollkommen."

Arbeit der beste Weg zur Massenkontrolle

Der beste Weg um große Mengen von Menschen unter Kontrolle zu halten ist die Arbeit. Der Mensch ist so viel am Arbeiten, dass ihm gar keine Zeit mehr bleibt um sich über Dinge welche auf der Welt geschehen besonders viele Gedanken machen zu können. Wir stehen auf, gehen arbeiten, kommen nach Hause, gucken Fernsehen und gehen wieder arbeiten und das Tag für Tag, wie in einem Hamsterrad sind wir in demselben eintönigen Trott gefangen, welcher uns letzendes mürbe macht und abstumpfen lässt.

- *Montags ist der Gedanke an Freitag, unser Treibstoff des Lebens.*
- *Sonntags bekommen wir schlechte Laune weil am anderen Tag wieder Montag ist.*
- *Und am Ende eines jeden Monats geht's uns wieder scheiße weil das Geld mal wieder knapp wird.*

Aber dennoch machen wir stets immer und immer weiter, weil ja dann bald wieder der 1.des Monats kommt und somit auch neues Geld.

Wir freuen uns auf das neue Geld, obwohl dann dieser elende Kreislauf lediglich wieder von vorn beginnt.

Letztendlich ist und bleibt Arbeit die beste Möglichkeit um Milliarden von Menschen in einem sinnlosen, ewigen Dauerkreislauf fest zu halten welcher dafür sorgt, dass sie immer und immer mehr total abstumpfen und nur noch wie gehirnlose Maschinen funktionieren.

Unterhaltungsmedien

Der beste Weg um die Menschen noch mehr ruhig halten zu können, ist **der Fernseher.**

Keine Waffe auf diesem Planeten ist mächtiger als diese

„Verdummungsmaschine".

Der Mensch wird zwar schon seit der Schulzeit mit voller Absicht dumm gehalten, sowie mit total schwachsinnigen Informationen überschüttet, doch das was mit Hilfe dieser Maschinerie passiert, grenzt schon an massiver Körperverletzung.

Der Kreislauf ist natürlich perfekt ausgewählt, schon in der Schule beginnen sie dich abzulenken, dir das selbständige kritische Denken auszutreiben, dich zu zwingen unnütze Informationen aufzunehmen und wenn du das dann endlich einmal hinter dir hast, musst du arbeiten.

Tag für Tag immer wieder arbeiten,

meist irgendwelche sinnlosen stupiden Jobs, die nichts anderes tun als dich immer weiter zu zermürben, dich müde und ausgelaugt zu machen und dann wenn du dann abends endlich Zuhause bist und die paar Stunden Freizeit die dir von deinem bisschen Leben noch geblieben sind genießen willst, wird sich vor den Fernseher oder die Konsole gehockt, wo das eigene Denken immer und immer weiter zerstört wird.

Wir werden berieselt mit Unmengen an stupiden und gehirnlosem Schwachsinn und die Leute saugen es auch noch auf wie ein Schwamm das Wasser. Egal ob Kinder, Erwachsenen oder alte Menschen, das eigene Leben besteht bei den Meisten doch nur noch aus Arbeiten und Fernsehen gucken, ist ja auch kein Wunder wir sind ja schließlich so gemacht worden.

Der Mensch soll nicht denken, der Mensch soll funktionieren, er soll die Elite unterhalten und ihr Untertan sein, wir sollen bewusst in einen ewigen Kreislauf absoluter Dummheit gehalten werden, damit wir keine Gefahr für sie werden können.

- *Sie sollen nichts von alledem wissen was ich versuche Ihnen in diesem Buch zu erklären.*
- *Sie sollen sich mickrig und unbedeutend fühlen.*
- *Sie sollen denken so ist es nun mal, was soll ich schon daran ändern können.*
- *Sie sollen denken das arbeiten und Fernsehen gucken schon das Leben sei.*

„Wir" sind die absolute Mehrheit und nicht „Die"

- *Wir müssen uns dazu zwingen wieder aus dieser Verblödung aufzuwachen.*
- *Wir müssen lernen zusammen zu halten.*
- *Wir müssen anfangen uns endlich zu wehren.*
- *Wir müssen anfangen kritisch zu denken und Dinge zu hinterfragen.*
- *Wir müssen anfangen wieder richtige Menschen zu sein.*
- *Wir müssen beginnen das Leben zu genießen.*
- *Wir sollten ein wenig arbeiten um zu leben und nicht leben um nur zu arbeiten.*

„*Wir müssen endlich beginnen aufzuwachen!*"

Kapitel 9

Entstehen und vergehen

ENTSTEHEN UND VERGEHEN

„Alles was entsteht muss irgendwann auch wieder vergehen,

dies ist der natürliche Verlauf der Dinge."

- *In diesem Kapitel werden wir uns mit der Frage*
  beschäftigen was der Tod zu bedeuten hat.
- *Außerdem werden wir Überlegungen anstellen, ob*
  selbst das Universum irgendwann einmal sterben
  bzw. vergehen muss.

„Dies wird allerdings nur ein kurzes Kapitel sein und
allein meine persönlichen Denkweisen zu diesem Thema
wiederspiegeln."

Denn:

- **Keiner kann mit Sicherheit sagen, ob es ein**
  fortbestehen nach dem Tod gibt.
- **Keiner kann beweisen, dass man wiedergeboren**
  wird.
- **Niemand kann wissen, ob und wie das**
  Universum einmal sterben wird.

Was wir allerdings tun können ist Vermutungen und Theorien aufstellen, die rein logisch betrachtet möglich wären und einigermaßen Sinn ergeben.

Fangen wir an...

Der Tod und der Mensch

Wie ich bereits zuvor im *5. Kapitel* *„Leben bedeutet erleben"* erklärt habe, sind wir in Wirklichkeit alle *„das Bewusstsein"* welches stets mit den Manifestationen des Willens *verknüpft* ist und dadurch automatisch stets das erlebt, was auch dessen Erscheinungsformen erleben.

Man kann daher mit Recht behaupten, dass dieses Bewusstsein, das Bewusstsein des Willens selbst ist, welches seine eigenen Manifestationen als Wirt benutzt, um durch diese sich selbst erfahren zu können. Denn ein Bewusstsein macht nur dann Sinn, wenn auch etwas vorhanden ist worin es sich etwas Bewusst werden kann.
(Vielleicht kommt daher auch der Glaube daran, dass Gott alles sieht und alles hört.)

Aus dieser Sichtweise betrachtet und mit der Erkenntnis das unser eigenes ICH bloß schon immer eine hartnäckige Illusion war, kann man davon ausgehen, dass unser wahres Wesen *(Das Bewusstsein des Willens)* unsterblich ist.

254

Der Wille ist also gleich zu setzten mit dem Bewusstsein. Der Unterschied ist allerdings, dass alle Manifestationen des Willens automatisch als Gefäß für das Bewusstsein des Willens dienen.

Die Erscheinungen des Willens sind vergänglich und wechseln ständig ihre Erscheinung, doch das Bewusstsein ist und bleibt beständig.

„Somit sind wir unserer wahren Natur nach, unsterbliche Wesen."

Unser Körper ist eine Verkörperung des Willens und da dieser als solcher weder erschaffen wurde noch zerstört werden kann, ist es lediglich die Erscheinungsform, welche wir ändern *(Wiedergeburt)*. Unser eigentliches Wesen bleibt jedoch immer das Gleiche *(Der Wille)*.

Wenn wir nun unser Gefäß *(den Körper)* einmal außen vor lassen, sind wir das Bewusstsein des Willens und dieses bleibt sowieso so lange erhalten wie auch Manifestationen erhalten bleiben.
Und selbst wenn diese einmal nicht mehr da wären, könnte das Bewusstsein *nicht* zerstört werden, es hätte lediglich keine *Wirtskörper* mehr, worin es sich *erfahren* könnte.

„Zerstört wäre es dadurch aber nicht!"

„Unsterblich ist ein Jeder von uns deshalb auf eine ganz bestimme Weise, nur halt nicht so wie die Meisten sich das wünschen."

Die Erscheinungen des Willens sind zwar als solche nur von kurzer Dauer, ihrem Wesen nach dennoch unsterblich, denn für jede Erscheinung die vergeht entsteht auch stets eine neue Manifestation des Willens. Nichts was existiert ist nicht der Wille, alles ist dieser genau wie jedes Bewusstsein in allem auch das Selbige ist.

Das woran die Menschen sich so verzweifelt klammern, ist ihr so genanntes EGO oder ICH, obwohl sie dieses in Form von Bewusstsein ja stets nur erlebt haben, dieses selbst aber nie unmittelbar waren. Dennoch besteht auch Hoffnung für diese Art von Menschen, welche sich selbst jetzt an diesem Punkt des Buches noch mit diesem Identifizieren.

Aus dem Bereich der **Quantenphysik** wissen wir, dass jegliche Art von **Information** welche sich im Universum befindet, nicht verloren gehen kann. Dies könnte bedeuten, dass auch die Informationen, die Ihr und ein jedes andere Gehirn einmal abgespeichert hat, niemals verloren geht sondern in einer Art *„kosmischen Gedächtnis"*, in gespeicherter Form weiterhin erhalten bleibt.

Dies kann zwar nicht eindeutig beweisen, dass dieses **EGO / ICH** sich dann auch noch nach dem Tod noch weiterhin erfahren kann, würde aber erklären weshalb es Menschen gibt, welche von Kindheit an hochbegabt sind oder Wissen haben welches sie eigentlich nicht haben dürften z.B. von einem früheren Leben.

Es gab schon genügend Berichte von Personen, die Erinnerungen von Ereignissen hatten die weit vor ihrer Zeit lagen. Dies kann sogar so weit gehen, dass sie ihre eigene Familie nicht als die ihre Anerkennen, weil sie fest davon überzeugt sind, dass sie eigentlich woanders her stammen. Sie können sich dann z.B. an Orte und Personen erinnern, welche an einem ganz anderen Teil der Erde existiert haben, oder sogar noch existieren. Dies geht so weit, dass es ihnen enorme Leiden bereitet, nicht dort sein zu können bei ihrem wirklichen Zuhause, mit ihrer echten Familie wie sie dann selbst behaupten.

„Erklären würde dies natürlich auch, weshalb es hochbegabte Kinder gibt welche bereits in den frühesten Jahren ihres Lebens Genies bzw.

Ausnahmetalente in gewissen Bereichen des Lebens

sind."

Diese Kinder können sich meist selber nicht erklären, weshalb sie dies oder das so gut können oder warum sie solch ein enormes Wissen über Themengebieten haben. Für sie wird das als selbstverständlich empfunden, als hätten sie bereits seit Jahrzehnten nichts anderes gemacht. Dabei ist es für ihr Alter eigentlich völlig unmöglich das sie diese Kenntnisse bereits in solch einem ausgeprägtem Grad besitzen.

Des Weiteren gibt es da noch solche Personen, die anderweitige Auffälligkeiten zeigen wie z.b. ihre unerklärliche schon immer da gewesene Angst vor gewissen Dingen oder Situationen z.B. ***Wasser, Feuer, Höhen, Dunkelheit, dem alleine sein oder der Angst vor engen Räumen.*** Um nur ein paar wenige zu nennen.

Könnten genau diese Ängste nicht vielleicht von unbewussten Erinnerungen aus einer Situation stammen welche in einem früheren Leben stattgefunden hat? Vielleicht haben diese Personen unterbewusst Erinnerungen an ein früheres Leben abgespeichert, wo jemand ertrunken bzw. verbrannt oder vielleicht von einer Klippe gestürzt ist.

Ich selbst kann mir das eigentlich nur so erklären, dass der Wille, während er sich manifestiert auf schon bereits vorhandene Informationen zurückgreift, diese werden dann den neu objektevierten Menschen auf gewisse Weise brandmarken und somit bereits vorprägen.

Diese Informationen können entweder eine bunte Mischung aus einem Teil aller im kosmischen Gedächtnis befindlichen Informationen sein, oder aber auch die Informationen von einem zuvor gelebten Leben. Das würde dann bedeuten, dass nachdem ein Mensch gestorben ist, genau dieses Leben von einem neu objektivierten Menschen weitergeführt wird.

„Dieses kosmische Gedächtnis betrifft natürlich nicht nur uns Menschen, sondern auch alle anderen Tiere."

Eine Spinne weiß z.B. beim ersten Bau ihres Spinnennetzes gar nicht weshalb sie dies tut.
Es musste auch zuvor keine andere Spinne kommen, um ihr zu zeigen wie sie dieses überhaupt machen muss, denn sie tut es ganz einfach
und das ohne dies jemals gelernt haben zu müssen.

Vielleicht hat sie dies ja den ersten Spinnen zu verdanken, deren „Erfahrungen" ebenfalls wie alle anderen Informationen im kosmischen Gedächtnis gelandet sind um wiederverwertet zu werden.

Der Tod und das Universum

Wenn alles irgendwann einmal wieder vergehen muss, dann müsste dies ja auch auf das gesamte Universum zutreffen. Allerdings ist dies eine sehr paradoxe Situation, denn das gesamte Universum ist ja nichts anderes als der sich selbst erschaffende Wille, welcher sich dann in seinen manifestierten und mit Werkzeugen der Erkenntnis ausgestatteten Erscheinungen als das für uns bekannte Universum zeigt. Welches für uns allerdings nicht mehr ist als eine bloße Vorstellung und daher Interpretation von dem Willen selbst.

Da der Wille jedoch als solches weder erschaffen noch zerstört werden kann, weil dieser „die eine nie erzeugte schon immer da gewesenen Kraft" ist, die alles was jemals existieren wird ausmacht, kann auch das Universum welches ja schließlich nur eine Ausdrucksform von diesem ist, niemals wirklich vergehen.

Wir wissen, dass unser Universum ursprünglich von einem einzigen konzentrierten Punkt aus entstanden ist, in welchem schon die ganze Kraft und Energie vorhanden war, welche heute das Universum immer noch gestaltet und ausmacht.

Doch was war vor dem Urknall und vor dem heutigen Universum?

Berechnungen zeigen, dass es durchaus möglich sein könnte, dass es vor dem heutigen Universum und vor dem Urknall der dieses entstehen ließ, bereits schon einmal ein Universum gegeben hatte. Dieses Universum zog sich am Ende seiner Tage wieder zusammen, wodurch schließlich unser Universum entstand.

„Ein Urknall wäre dann also nicht mehr der Anfang eines Universums, sondern lediglich der Punkt zwischen einem vergehenden und neu entstehenden Universum."

Entstehen und vergehen wäre also folglich ein sich ständig ewig wiederholender Kreislauf, ein Impuls, Reflex, oder Zwang wie auch immer man dies bezeichnen möchte. Und genau dies spiegelt auch den Charakter des Willens, wieder eine blinde und ziellos gerichtete Kraft, welche allein nach Selbstentfaltung bestrebt ist. Sie ist zwar eine schöpferische Kraft, aber eben eine blinde und ziellose dazu.

Erst in dem Moment, wo durch Zufallsereignisse das Entstehen von erkennenden Wesen ermöglich wird, kann er (der Wille) sich überhaupt seiner Selbst und dem Treiben, für welches er verantwortlich ist, wirklich bewusst werden.

Dies gelingt aber nur, wenn er es denn dann schafft sich selbst in seinen Erscheinungen überhaupt zu erkennen.

Und genau dafür ist die höhere Erkenntnis gedacht!

Kapitel 10

Die höhere Erkenntnis

DIE HÖHERE ERKENNTNIS

Was ist also nun die höhere Erkenntnis?

Die höhere Erkenntnis ist eine Bedienungsanleitung geschrieben von dem Willen, für den Willen. Sie ist eine Ansammlung von Informationen, welche in einem sehr langen Zeitraum von den unterschiedlichsten Persönlichkeiten zusammengetragen wurden, welche stets das Ziel hatten, die anderen Verkörperungen ihrer selbst mit Hilfe dieses Wissens zum Erwachen zu bringen.

Zum Schluss möchte ich noch ein paar abschließende stichpunktartige Sätze für Sie niederschreiben, welche vielleicht eine letzte Wirkung auf Sie erzielen könnten.

Fangen wir an:

- *Der höchste Drang des Willens, ist die eigene Entfaltung und Zufriedenheit.*
- *Der Wille erkennt nicht weil er existiert, sondern weil er sich selbst in seinen erkennenden Manifestationen betrachten kann, deshalb existiert er.*
- *Der von der Welt zurückgezogene, von Affekten befreite Mensch, der im stillen und in Ruhe sein Leben führt, der Mensch der nichts mehr begehrt, hat eine Wandlung vollbracht, durch die er sich in allem Vorhandenen selbst*

erkennt. Für ihn ist alles Seiende ein ganzes geworden und als Wesen in dieser Welt erkennt er sich selbst, nicht nur mehr als ein Teil von dieser, sondern er erkennt in sich diese ganze Welt im vollen Umfang. Derjenige mit der höheren Erkenntnis ist Eins mit allem geworden.

- Unrecht zu erleiden, ist besser als unrechtes zu tun.
- Der Sinn der Welt ist logisch erkennbar, ein reiner Drang zum da sein und daher auch für jeden Menschen klar erkennbar. Wenn der Mensch jedoch die falschen Schlüsse aus dem Erkennbaren zieht, denkt er an den logischen Gründen des Seienden vorbei und zieht daher die falschen Schlüsse.
- Der natürliche Trieb des Menschen „zu wollen", ist der zwang des Willens und kann nur von uns Menschen zu einem maßvollen und kontrollierbaren Willen gezügelt werden. Übermaß aber auch Mangel zerstören die Eigenschaften der höheren Erkenntnis, dass richtige Verhältnis stellt allein die Mitte da, weder das absolute Zulassen der Leidenschaften noch die völlige Leidenschaftslosigkeit, bringen einen auf den richtigen Weg.
- Die eventuell auftretenden Gedanken, was nützt mir das alles? Wozu kann ich denn so was gebrauchen? Werden vollkommen sinnlos erscheinen wenn die höhere Erkenntnis erst einmal völlig verstanden wurde, denn dann wird man selbst bemerken wie unpassend es ist, in

diesem Fall einen Nutzen zu suchen. Das Wichtigste ist,
dass man mit sich selbst und seiner Umgebung in
Einklang kommt und in Harmonie und Frieden mit allem
zusammen leben kann.

- *Die individuellen Sinneseindrücke sind maßgebend dafür,*
  wie uns die Welt erscheint. Die absolute Realität kann es
  für Niemanden geben, sondern nur die Relative. Für den
  Einen kommt der Wind kalt vor, für den Anderen nicht,
  denn kälte empfindet nur Derjenige, der auch friert. Was
  einem Gesunden lecker erscheint, kann für den kranken
  geschmackslos wirken. Die Dinge der Welt sind stets
  neutraler Natur, erst im Bezug zu einem erkennenden
  Wesen (Subjekt), entwickeln sich die individuellen
  Eigenschaften der Welt.

- *Der Mensch ist die manifestierte Erscheinung des Willens,*
  welcher sich über sein eigenes Dasein wundern kann. Der
  Mensch allein kann sich aus der Außen- sowie
  Innenperspektive betrachten und sich dadurch zum
  Geschöpf des Fragens und Nachdenkens machen.

- *Seine Verwunderung über sich selbst, erreicht den*
  Höhepunkt, als der Wille seinen eigenen irgendwann
  eintreffenden Tod erkennt.

- *Die Höflichkeit ist das, was die Wärme dem Wachs, zudem*
  ist sie das einfachste Geschenk, welches man jedem
  erbringen kann.

- *Dort Drüben ist einer so wie du es bist, auch in ihm denkt und fühlt es, auch dort ist ein ich, dem Deinen gleich ein Zweites. Nur das Gefühl des Getrennt sein von dem Anderen, sorgt für den falschen Eindruck. Alles was ist, war und jemals sein wird, bist stets auch du.*

- *Der Urgrund alles Seiende ist ein erstes Seiendes, ein immerwährender Anfang aus dem alles wird, es selbst ist niemals entstanden, war folglich schon immer vorhanden. Eine einzige Kraft welche sich auch sich selbst heraus erschafft.*

- *Der Weise erkennt die Welt in sich selbst und handelt auch dementsprechend.*

- *Die Welt ist Wille, die Erscheinung einer in allem seiende existierende Kraft. Ein irrationale ursprüngliche Energie, die sich in unserer Erkenntnis in Form von unendlichen Gestalten zeigt. Und deren einziger Sinn es ist, überhaupt zu sein.*

- *Durch den Menschen kommt der Wille zur Selbsterkenntnis.*

- *Der Mensch allein kann, wenn er sein eigenes Wesen erkannt hat, sich auch gegen den Willen und somit gegen sich selbst richten. Wir sind die Manifestationen, welche auch nein sagen können.*

- *Der Tod kann nur ein Scherz sein, sonst würde der Wille nicht so sorglos mit seinen Erscheinungen umgehen, denn*

*gewiss ist das alles Seiende nach dem Tode in seine
Einheit zurückkehrt dort wo nichts verloren gehen kann.*

- *Allein der Mensch kann sich über sein eigenes Dasein
wundern, für alle anderen Erscheinungen ist diese
Tatsache so selbstverständlich, dass sie sich nicht darüber
wundern können. In den Blicken der Tiere und dem stillen
Ruhen der Pflanzen, erkennt man die
Selbstverständlichkeit des Willens, weil er in ihnen noch
nicht seine ganze Kraft erreicht hat, kann er sich noch
nicht selbst durch diese erkennen. Folglich auch nicht
wundern.*

- *Reichtum gleicht dem Salzwasser, je mehr man davon
kostet umso durstiger wird man dadurch.*

- *Das Lob ist für den Menschen so schön, wie für den Hund
die Streicheleinheit.*

- *Jegliche Art von Handlungsgründen bestimmen unseren
Alltag, wir haben z.B. Hunger, sehen einen Birnenbaum,
greifen hinauf und pflücken uns welche, um den Hunger
zu stillen. Doch dies hat nichts mit Freiheit des eigenen
Willens zu tun. Leben bedeutet erleben und das was
erlebt, ist das Bewusstsein des Willens.*

- *Auflösung des Willens, bedeutet Erlösung von Verlangen
und Begierden und dies bedeutet Freiheit vom Leiden.*

- *Alle erkennenden Wesen, sind durch ihr Gehirn und dem
damit gekoppelten Bewusstsein des Willens ein Spiegel für
diesen geworden.*

- *Nur durch den Sieg über das Ich und das Ablegen aller Eigensucht sowie Eigenliebe, kann das Stadium erreicht werden, in welchem man alles zugleich wird.*
- *Nur durch das radikale Durchbrechen des Ich-Wahnes und die Erkenntnis, wie unwichtig der Gedanke von Ich und Mein ist, kann der Mensch sein wahres Wesen erkennen.*
- *Manifestationen entstehen und vergehen, seiendes muss vergehen um zurück zur Einheit zu gelangen, aus ihr heraus wird das Neue dann entstehen.*
- *Jedes Leiden, welches ich von mir auf andere schiebe, wird genau dadurch vergrößert. Aus diesem Grund entsteht die große Masse des Übels auf dieser Welt, welches allein durch das egoistische Weiterschieben auf Andere vermehrt wurde. Nur durch das freiwillige Aufladen der eigenen Übel kann diese verringert werden.*
- *Vergangenheit und Zukunft sind nur von geringem belangen, allein das ewige Jetzt hat Bedeutung. Denn in der Zeit ist nur sie relevant, da ich nur in ihr real bin und existiere. Die höhere Erkenntnis ermöglicht es außerhalb der Zeit zu denken und das jetzige zu fokussieren.*
- *Ein erkennendes Wesen ist mehr, als nur reines Erkennen, weil zu dem Erkennen noch das Wollen hinzukommt. Dass es überhaupt will, erkennt jeder selbst unmittelbar in der eigenen Verkörperung.*

- *Wer erkannt hat was er selbst außer erkennen ist, hat auch begriffen was der Wille ist.*
- *Der Wille ist ein einziges Wesen in allen Wesen und diese wiederum sind nichts anderes, als die sichtbare Verkörperung dieses einen Wesens.*
- *Durch die stets anwachsenden mannigfaltigen Erscheinungen des Willens, wird der Tumult der Geschöpfe so groß, dass dessen Erscheinungen anfangen sich gegenseitig zu stören.*
- *Der Wille hat sich durch seine Manifestation zu einem Objekt gemacht, dadurch das ein Objekt jedoch stets nur durch die Vorstellung eines Subjekts sein kann, hat er sich selbst zu seiner eigenen Vorstellung gemacht. Er ist sich selbst sichtbar geworden, in Form der unterschiedlichsten Vorstellungen seiner selbst.*
- *Der Wille als Ding an sich, ist der Wille solange er keinerlei Objektivität angenommen hat. Unabhängig jeglicher Vorstellung, deshalb kann dieser auch von keinem erkennenden Wesen erkannt werden, höchstens in Form des eigenen inneren Wesens (Erkenne dich selbst).*
- *Geburt und Tod betreffen allein die Erscheinungen des Willens, ihn selbst jedoch nicht.*
- *Der Wille ist so frei, dass er sich gegen sich selbst wenden kann, doch nur dann, wenn er sich auch in einer seiner Verkörperungen selbst erkannt und durchschaut hat.*

- *Die Bejahung des eigenen Lebens, beinhaltet schon das Potential zur Verneinung des Lebens der Anderen, meistens dadurch, weil für das eigene Wohlsein, das Dasein der Anderen missbraucht werden muss.*
- *Aus Knete und Gold kann man vielerlei unterschiedlich aussehender Objekte erschaffen, doch der Ursprung dieser Dinge bleibt dennoch stets Gold oder Knete. Genauso verhält sich dies auch mit den Erscheinungen des Willens.*
- *Der Blick auf das Universum, gleicht einem unpolierten Spiegel. Erst durch das Erscheinen des Menschen konnte dieser Spiegel zumindest etwas klarer werden und dadurch mehr wiederspiegeln, dennoch bleibt auch dieses Spiegelbild stets nur eine Vorstellung. Erst wenn der Mensch die höhere Erkenntnis erreicht hat, wird dieser Spiegel fast vollkommen klar und alles wird deutlich als vollkommende Einheit erkannt.*
- *Ohne die höhere Erkenntnis wird es einem nur ermöglicht, alle existierenden Dinge als Objekte zu betrachten, deren Nutzen es zu erkennen gilt. Durch die höhere Erkenntnis wird die Einheit aller Dinge erkannt und der Gedanke, wie man diese zum eigenen Zweck nutzen könnte erübrigt sich.*
- *In den Momenten, wo wir etwas genießen, ohne es gleich besitzen oder beherrschen zu wollen, hat ein Jeder von uns schon einmal für kurze Momente die höhere Erkenntnis in sich selbst gespürt.*

- *In der Moral sticht allein die höhere Erkenntnis hervor, welche über jede Vernunft liegt. Eine Eigenschaft der Heiligen und wie wahre Erlösung über die Welt bringt.*

- *Der Weg zur höheren Erkenntnis ist der schwierigste und einfachste von allen zugleich, um diesen zu erreichen muss man es lediglich wollen und genau da liegt bei den meisten die Schwierigkeit.*

- *Wir Menschen bewundern die Naturphänomene auf Erden und die Sterne im unendlichen Kosmos, doch unsere eigene Existenz empfinden die Meisten als normal und wundern sich nicht über diese. Wir müssen anfangen über uns selbst nachzudenken und unser Dasein als das zu erkennen was es ist, nämlich als mit das größte Phänomen.*

- *Wir Menschen sollten die Welt als unser Spiegelbild erkennen, ihr Wesen verstehen und sie behandeln als wären wir sie selbst.*

- *Indem wir Menschen uns durch ein künstliches Bündnis zu einer Person vereinigen und einen Staat bilden hoffen wir darauf, ein bequemes Leben führen zu können. Es ist wie wenn Jemand zu einem anderen sagt: „Nun gut, ich übergebe meine Rechte mich selbst zu beherrschen diesem Gesellschaftssystem, aber nur unter der Bedingung das alle anderen dies auch tun." Die Macht des Staates zwingt den Menschen zueinander und erzwingt durch vielerlei Gesetzgebungen und Strafen ihr friedliches*

Zusammenleben. Der Staat ist der angebliche Ausweg aus der sozialen Unordnung und Unsicherheit. Der natürlich gegebene Status Faustrecht des Stärkeren wird durch Zwang aufgehoben. Durch gesetzliche Ordnung versucht der Staat die schlechten Triebe des Menschen zu zügeln und erschafft durch diese eine künstliche und fälschliche Zähmung der Menschen. Doch dies ist mehr Schein als wirkliches sein, allein das Verstehen der höheren Erkenntnis kann die Menschen wirklich vereinen.

- *Würden wir einen Stein zum Rollen bringen und dieser könnte dabei denken, hätte er das Gefühl er würde aus freien Stücken diese Handlung begehen, genauso ist es auch bei uns Menschen, wir tuen stets dies, was uns in den Sinn kommt oder uns begehrt, jedoch woher der Auslöser (Impuls) dazu kommt, beachten wir gar nicht. (Der Mensch kann tun was er will, aber nicht entscheiden was er will).*

- *Sich Objekte ohne ein erkennendes Wesen vorzustellen, scheitert schon allein bei dem Versuch, weil es das voraussetzt was ja ausgeschlossen werden soll, nämlich ein erkennendes Wesen.*

- *Das Wort Existenz oder Realität bedeutet nur, dass ich die Vorstellungen die das Bewusstsein wahrnimmt für wirklich halte.*

- *Das Bewusstsein erkennt die Dinge niemals so wie sie tatsächlich sind, sondern nur so wie das jeweils erkennende Wesen diese erkennen kann.*

- *Menschen sollten so miteinander umgehen, dass sie ihrer aller Würde nicht verletzen. Keiner sollte dem Anderen als bloßes Mittel zum Zweck missbrauchen und sich nicht gegenseitig erniedrigen. Die Anerkennung eines jeden Menschen und Lebewesens ist von hohem Wert, keiner sollte einen anderen instrumentalisieren.*

- *Handele stets so, dass die ausgeführte Tat jederzeit zugleich als ein allgemein geltendes Gesetz der Menschheit dienen könnte. (**Immanuel Kant**)*

- *Das Ich dient nur noch zur Zierde, wenn die höhere Erkenntnis erreicht wurde.*

- *Ungebildete Menschen denken abstrakt, sie halten sich nur an das was sie sehen und legen direkt eine feste Meinung dazu an. Der Gebildete hingegen, dringt immer und immer tiefer in die Sache hinein und erkennt die Zusammenhänge, er begnügt sich niemals mit der Tatsache das etwas nur so ist wie es zu sein scheint. Wenn wir z.B. einem Bettler auf der Straße begegnen, haben die Meisten eine direkt feste vorgefertigte Meinung über diesen, ohne darüber nachzudenken, wieso Derjenige in dieser Situation geraten sein könnte.*

- *Die Welt ist ein Chaos. Sie ist ein Irrtum, trügerisch ein entstehen und vergehen. Vielheit aber dennoch zu jeder*

Zeit auch Einheit. Sie ist voller Gegensatz und Widerspruch, ein stetiger Wandel der Formen und ein reines Spiel mit sich selbst.

- *Der Mensch wird durch seine Bereitschaft zur Arbeit, immer mehr zu einem Sklaven von wenigen anderen Menschen erzogen, auf diesem Weg wird der Mensch zur Maschine gemacht und durch die ständige Anpassung des Menschen, entsteht zudem auch immer mehr dessen stupide Abflachung.*

- *Der Egoismus überwuchert die ganze Welt, deshalb wird dieser ewige Kreislauf auch nie unterbrochen. Der Egoismus liegt daran, weil jedes Individuum sich getrennt von den Anderen war nimmt und deshalb der Gedanke aufkommt, dass alles außer mir nicht ich bin und daher für mich keine direkte Rolle in meinem Leben spielt und somit auch keine Wichtigkeit hat. Als Ausnahme hierbei gälten meist die Familie und Freunde, doch selbst bei dieser macht das Ego oft keinen Halt.*

- *Durch das Mitempfinden mit einem anderen Lebewesen, entsteht das Gefühl des Mitleids, durch welche die Illusion der Verschiedenheit aufgehoben wird und alles als Einheit erkannt werden kann. Das Mitleid hält den Menschen davon ab, andere Lebewesen zu quälen und sorgt dafür, ihnen in der Not sogar zu helfen. Das Gefühl von Ich und Du wird in diesen Momenten aufgehoben, alles wird als eigenes Ich empfunden. Ein und dasselbe Wesen ist es, welches sich in allem Leben darstellt und leidet.*

- *Die Verschiedenheit der Welt, ist bloße Täuschung, welche durch unser beschränktes Erkenntnisvermögen und unsere Vorstellung entsteht.*

- *Mein wahres Wesen, existiert in jedem Lebewesen, wie es sich sonst nur mir selbst offenbart.*

- *Der Wille ist ein blinder dunkler und dumpfer Drang zur Existenz, alles Seiende ist ein Kampfplatz aller Erscheinungen des Willens, wodurch dessen eigener Widerspruch mit sich selbst klar erkennbar wird.*

- *Mit dem Menschen betrat eine entsetzliche Manifestation des Willens die Welt, welcher durch seinen einzigartigen Verstand und der daraus hervortretenden Überlegenheit, alles auf Erden zu seinem untertan machte.*

- *Der höchste Drang des Willens in seinen lebendigen Verkörperungen, ist die Erhaltung der Gattung.*

- *Alles wiederholt sich Jahr für Jahr, die Sinnlosigkeit wird schnell klar, wenn wir den Alltag der Lebewesen beobachten. Es geht stets darum zu überleben, Futter zu besorgen, sich Fortzupflanzen, den Nachwuchs zu beschützen und dann am besten nach Möglichkeit nochmals die Fortpflanzung einzuleiten. Allein der Mensch versucht sich zwanghaft aus diesem ständigen Kreislauf zu befreien und erfindet deshalb allerhand vollkommen unnützer Sachen, um sich von dieser*

Sinnlosigkeit des Daseins abzulenken und ihm einen künstlich erzeugten Sinn zu geben.

- Der Wille kann nach Belieben, Millionen von seinen Verkörperungen auf Erden zerstören und erzeugen und dies macht er ganz ohne Verlust seiner Kräfte, nur um sich selbst darstellen und erleben zu können.

- Jedes Lebewesen ist von innen betrachtet alles in allem, von außen gesehen jedoch nur eine von vielen Objektivationen und somit Vorstellung.

„Mögen alle lebenden Wesen,
frei von jeglichen Schmerzen bleiben."

In Verbundenheit zur Wahrheit und dem Wissen
verbleibe ich:

Dennis Ladener

-Schlusswort-

Meine abschließenden Worte, werden sehr bescheiden sein.
Ich möchte zu allererst einmal danke sagen dafür, dass Sie es
bis hier hin geschafft haben. Ich hoffe, dass Sie es nicht
bereuen, dieses Buch bis zum Schluss gelesen zu haben.

Da dies mein erstes Buch ist und es sich zudem um solch ein
komplexes Thema handelt, möchte ich mich für eventuell
aufgetretenen Fehlern oder Unklarheiten bei Ihnen
entschuldigen. Zu keinem Zeitpunkt, werde ich mich von
solchen Dingen distanzieren, sondern um Verzeihung und
Verständnis bitten.

Zum jetzigen Zeitpunkt im Jahr 2015 bin ich 24 Jahre alt und
beschäftige mich erst seit 4 Jahren professionell mit diesen
Themen. Meine Entwicklung ist daher noch lange nicht
abgeschlossen, sondern hat gerade erst begonnen. Dieses
Buch spiegelt daher meinen momentanen Entwicklungsstand
wieder, zumindest den Stand, wie ich meine Gedanken auf
Papier bringen kann.

Ich hoffe dennoch, dass ich Ihnen zumindest ein wenig dabei
helfen konnte, eine neue Denkweise zu entdecken, die Ihr
Leben auch noch nachhaltig positiv bereichern wird.

Für die Erkenntnis.

-Danksagungen-

Besonderer Dank, gilt an erster Stelle meinem alten Freund und Mentor **Ugur Uslu**. Er war der Mensch, der mich vor einigen Jahren mit der Welt der Philosophie und insbesondere mit dem Namen **Arthur Schopenhauer** vertraut machte. Ohne ihn, wäre ich niemals auf meine wahre Berufung gestoßen.

Mein Freund, ich danke dir dafür.

Als nächstes möchte ich meiner Lebenspartnerin **Janina** danken, die mir bei der Korrektur dieses Buches geholfen hat und schon seit Jahren erfolgreich meine besonderen Eigenarten erträgt.

Mein Schatz, ich liebe dich und danke dir für alles.

Als Letztes möchte ich meinem Opa **Hans Johann** danken, weil er immer an mich geglaubt hat und mich aus diesem Grund, auch in der Zeit wo ich dieses Buch schrieb, finanziell unterstütze. Dank ihm, hatte ich die Zeit, welche ich benötigte um mich in Ruhe meinen Studien widmen zu können. Ohne ihn, wäre ich jetzt nicht so weit, wie ich es bin.

Du warst stets erfolgreich, Opa und Vater zugleich für mich. Ich danke dir auf ewig dafür. Du hast mich mit am Meisten geprägt.

-Weitere Bücher von Dennis Ladener-

Eine kurze Zusammenfassung des Ganzen

Format: Taschenbuch

Seitenanzahl: 56

Erstausgabe: 17. April 2014

ISBN-13: 978-3735785688

Preis: 3,90€

Die Datenwelt Theorie

Format: Taschenbuch

Seitenanzahl: 100

Erstausgabe: 04. Februar 2015

ISBN-13: 978-3734750946

Preis: 6,50€